十字架之道

李载禄博士

本书所引圣经经文取自
《新标点和合本》

目　录

自序

简介

第一章　创造主神与圣经　■　1

第二章　创造并耕作人类的神　■　21

第三章　伊甸园里的分别善恶树　■　37

第四章　万世以前所隐藏的奥秘　■　53

第五章　为什么耶稣是唯一的救主？　■　69

第六章　十字架的奥秘　■　85

第七章　十架七言　■　117

第八章　真正的信心与永生　■　141

第九章　从水与圣灵重生　■　179

第十章　何谓异端？　■　191

自 序

但愿读者能明白神元本的心意和慈爱,建立坚定的信心。

自一九八六年开始,《十字架之道》信息指引无数人走向得救之路,并且在世界性的联合大盛会中见证了神的大能。父神祝福此书的出版,在此向父神献上所有的感恩!愿将荣耀都归于祂!

其实,懂得神的心意与计划的基督徒不多。有些基督徒,未能从圣经中得到问题的解答,也不知道神隐藏的奇妙计划,因而远离了神。

假设,若有人问:"为什么神放置了分别善恶树的果子?""为什么神知道为了救罪人要将祂的独生爱子献上,却还是创造了地狱?"以及"为什么耶稣是唯一的拯救者?"这三个问题,你会如何回答?

在信主的前几年生活中,我也无法了解神创造的深远计划,以及隐藏在十字架当中的奥秘。被呼召成为主的仆人之后,我常自问:"该如何带领人们走向得救之路,并将荣耀归给神呢?"也经常为这问题禁食祷告,七年后,神开始启示了这些话语。

《十字架之道》是万世以前所隐藏的神的奥秘,这是一九八五年我在圣灵的感动当中祷告时,主亲自向我解开的话语。

在教会我利用二十一周时间宣讲"十字架之道"的信息,而"十字架之道"无论在哪里传讲，圣灵就像燃烧的火一样作工。连录影带也在国内外影响了许多人为罪悔改，并且有的人疾病得到了医治。

一旦抛开了对神旨意的怀疑，就能得到真正的信心和永生。

若了解为何神把"分别善恶树"放置在伊甸园当中，就能了解祂耕作人类的旨意，会更诚挚地爱神。知道了生命的真正目的，就能够为抵挡罪恶而争战，甚至到流血的地步，并且竭尽所能，以基督的心为心，对神至死忠心。

《十字架之道》启示神隐藏在十字架背后的旨意与奥秘，除了使读者通过本书了解神深奥的旨意和爱，同时也将带领读者建造在神眼中看为喜悦的基督徒生命。

在此我要感谢编辑部宾部长与其成员，为本书的出版所付出的努力。并奉主耶稣基督的圣名祝福各位，通过此书遇见慈爱的神，不但得救，并成为成熟的基督徒。

李载禄 博士

简　介

《十字架之道》是神的智慧与大能,是一本值得每位基督徒阅读的书!

此书解答了许多基督徒的疑惑:创造之神在太初之时的形像和样式?神为什么创造人类,并让人类住在地上?分别善恶树为什么放置在伊甸园里?神为何将祂的独生爱子献上作为赎罪祭?神为何要通过残酷的十字架来成就救赎的旨意?

本书通过李载禄博士传达了圣灵充满的信息,启发圣徒更深认识神。

第一章　创造之神与圣经

介绍进化论的谬误,永生神的本性,以及祂如何在人身上做工。见证永生神活着的证据,并从人类历史中明白圣经的真实性。

第二章　神创造并耕作人类

神创造宇宙天地万物,以祂的形像造人,并教导人类生命的真正意义,以及神兴起人类成为祂属灵儿女的目的。

第三章 伊甸园里的分别善恶树

解答基督徒的基本问题：为什么神在伊甸园里放置了分别善恶树？本章对此作了详细的解释，并了解在地球上耕作人类的神和祂又深奥又奇妙的旨意。

第四章 万世以前所隐藏的奥秘

解释了土地赎回法与灵界中人类蒙救赎之间的关系（参考利未记二十五章）：人类因为罪的缘故都要走向死亡之路，但神却早在万世以前就预备了奇妙策略来救赎人类。最后解释神隐藏救赎人类的奥秘，直到祂所定的日子来到，以及为什么耶稣能够满足土地赎回法的条件。

第五章 为什么耶稣是唯一的救主？

解释神如何在万世以前为人类安排救赎计划，如何通过耶稣基督来实现，耶稣钉死在十字架上的理由，作为神儿女所拥有的祝福与权柄，"耶稣基督"圣名的意义，除了耶稣基督以外，天下人间没有赐下别的名使我们得救的原因。若能够了解其中深刻的属灵含义，将能体会神的爱是何等长阔高深。

第六章 十字架的旨意

启示耶稣受苦的含义，若耶稣真是神的儿子，为何会降生在马槽里？怎么终其一生都如此贫困？祂身上为什么遍满了鞭伤、头要戴荆棘冠冕,手脚皆被钉上钉子?为什么祂要流出血与水?

把这些问题的属灵含义在本章一一解释,教导远离罪恶,活出圣洁的生命要诀。

第七章 十架七言

透视十字架上的耶稣在死前留下的最后七句话的属灵含义。通过十架七言,祂完全成就了使命,并将自己交在神的手中。最终所强调的是应当了解耶稣基督伟大的爱,在复活的盼望中战胜一切的恶,直等到祂的再临。

第八章 真正的信心与永生

提醒人们为什么"相信"救主耶稣基督,却无法在末世审判中得到救赎的原因。除了接受耶稣基督,还要以信心吃人子的肉、喝人子的血才能走得救的道路。也教导信心的种类、如何得到信心,以及如何进入永生。

第九章 从水与圣灵重生

耶稣与尼哥底母的对话,总结了十字架的道理。务要保守灵、魂、体的圣洁,我们的心要通过水与圣灵不断地更新,直到耶稣基督再临那时,也就是成为主的新妇的时候。

第十章 何谓异端？

　　深入探讨异端的种类，以及许多基督徒负面、错误的观念。特别提醒绝不可亵渎圣灵，并解释何谓异端，如何分辨真理之灵与谬妄之灵，以及一些异端教派。

　　《十字架之道》是信仰生活中最基本的指引。在此奉主耶稣基督的名，祝福读者能更坚定自己的信仰生活，并得到救赎与永生。

编辑部长　宾锦善

第一章 创造之神与圣经

1、进化论的谬误
2、神是创造者
3、神是自有永有的
4、全知全能的神
5、神是圣经的作者
6、圣经记载的话语都是真实的

创世记一章1节

起初，神创造天地。

现今有关人类或生命的起源争论，众说纷纭。但大抵以创造论与进化论两派学说为主流。

从创造论的观点来看，神用智慧设计并创造了宇宙万物。相信创造论的人都以神为中心，并且相信神掌管人类的生死祸福，祂必履行圣经里的话且要成就一切。因此，信者活在神的话语中，并且有盼望能进入天国。

进化论者则坚称所有生命体都是从无生命体自然演化而成，从简单的原始生物演化成构造复杂的生物体。进化论者也强调，单一物种能够演化成无数种其它的生物类别；相信原始生命是偶然发生的。

所以，他们不承认有一位创造万物的神，更没有天国盼望。当然，就以人和地球为万物的主体。由于以人的想法来解决问题，并不依靠创造万物的神，一向只为了衣食住行而活。他们视人的生命是有限的，追求在有限的生命中极度享受。然而，无论如何寻找，世上有限的事物总是无法使人得着满足，人终究还是得归回尘土。

这互相对立的理论，影响着人们对生命目的与意义的看法，最后竟成为决定永生与死亡的关键因素。因此，对这两个理论必须有正确的认识。

创造之神与圣经

1、进化论的谬误

科学技术越发达，越能证明进化论错误百出。当用科学的方法研究进化论时，会发现宇宙万物要通过进化的方式逐一形成，其机率不到千亿分之一。

进化论是未经证明的假设

若以进化论的角度看，宇宙是经大爆炸形成的，地球与太阳是由氢气构成；而地球上的水是由地表的碱与地球里的酸相互中和而成。进化论假设在几亿年的时间中，水冲刷矿物质与盐份聚集而形成海洋，海洋当中就自然地演化出了各样生物，这一切都是自然产生的。

进化论以查理·达尔文（Charles Darwin）在一八三一年乘坐英国海军舰队小猎犬号，历经五年航海过程后提出的假设为基础。在航海过程中，他通过观察动植物后提出假设：假设所有动植物都由低等生物演化成为高等生物，从单一物种演化成各式物种，人类则是从猿猴进化而来的。

在达尔文的《物种起源》（The Origin of Species）一书中，描述所有生物都是由无生物自然进化而来的。但这个假设并未获证实，只是一种暂时性理论，我们能因此相信进化论吗？

化石能否定进化论

我们可以通过化石看见进化论的谬误。化石是生物遗体，由于地壳的急剧变动，被埋入地下后形成的。这些化石被拿来当作进化论的证据并不正确。

相反的，化石证明所有生物都是创造而来的。观察现今出土的化石，可以发现不同物种彼此均有明显差异，而介于中间物种的生物化石至今没有被发现过。

除此，化石也可以证明人类并不是从猿猴进化的，因为并没有发现介于人类和猿猴之间的中间体化石，反而都是单一成型的人类或是猿猴化石。

举例来说：1912年在英国皮尔丹附近发现的人类额骨与头骨盖，经专家鉴定至少是五十万年前留下的。他们认为这是一种中间体的生物证明，是进化论的一大进展。

但是，经过详细研究后发现，这所谓的中间体化石原来是以猿猴的下颚骨和人类的头骨拼接而成，而且只有几千年的历史。此外也被证实经过溶剂染色并有人为加工，好使这骨头看起来年代久远。世界知名的科学家们最后发现，这中间体化石是伪制品。只是将猿猴与人类的头骨加以拼接，伪造是猿人的骨头罢了。

进化论者也否定进化论的真实性

1980年一场在美国芝加哥举行的国际进化论学术会议中，非常具有讽刺意味的是，连进化论者自己也否定了达尔文的进化论。大举更正进化论的理论,并且承认物种进化是不可能存在的现象。

进化论是谬误的,由于它成为唯物主义与无神论的基础,带给了人类无数浩劫。罗马书一章25节:"他们将神的真实变为虚谎,去敬拜侍奉受造之物,不敬奉那造物的主。"如同经文所说,许多人因为否认了创造万物的神,导致整个价值观产生了扭曲。

唯物主义进化论和无神论忽略了人的尊严,提出人的生命是短暂的价值观,导致走向恐惧、贫穷与死亡的道路。

2、神是创造者

世上除了圣经以外,没有能针对宇宙的起源与创造、人类的起源与结束,给出详细且清楚解答的书。

圣经创世记一章1节:"起初,神创造天地。"希伯来书十一章3节:"我们因着信,就知道诸世界是藉神话造成的,这样,所看见的,并不是从显然之物造出来的。"

不是所有可见之物都是由已存在的东西造成的,而是从"无"中,由神的命令创造的。

人虽能复制不计其数的产品,但就是无法"无"中生"有"。即使现今科技能制造出人工智能(AI)电脑或克隆羊,但还是没有办法凭空制造出一只小小的变形虫。

人只能从神创造的被造物中抽取细胞组织,再以各种方式组合而已。我们必须知道人的能力有限,只能达到这一程度。

唯有神才能进行"使无变有"的创造。只有神能够通过命令进行创造，并掌管整个宇宙、世界历史和人类的生死祸福。

相信创造之神的证据

存在的物品，如：一间房子、一张桌子，或是一根钉子，都是人设计制造的，更何况是浩瀚的宇宙，必定是一位创造者精心打造而成的。物品都会有主人，这位主人就是圣经中的创造主。

只要观看四周，就会发现许多创造的证据。例如：地球上大量的人口，无论种族、年龄、性别、社会意识形态等等，每个人都有两个眼睛、两个耳朵、一个鼻子、两个鼻孔，以及一个嘴巴。

即使是动物，差别也都不大，都拥有类似的面部构造。例如：大象有一根长长的鼻子在脸的中央，也都是两个鼻孔、两个眼睛、两个耳朵和一个嘴巴。天上的飞鸟，海中或河里的鱼，都是一样的构造。

不但动物都有着相似的脸部构造，且哺乳动物的消化系统与繁殖系统都非常类似。同样的，都以嘴进食，进入消化器官，然后再排出体外。所有哺乳动物都有雌雄的分别，也都能繁衍后代。若神不是一位，而是多位，那么所有的动物就理当会有许多不同的器官、身体构造与部位了。

仔细思量这一切现象岂是偶然？所谓"物竞天择"的进化论学说，便不攻自破了。

太阳系里所有的星体都像地球一样，自转和公转。由于月球在适当的位置，才可以与地心引力互相作用，使地球上的海水产生涨潮与退潮，海洋也因四处流动而保持畅通。这井然有序且丝毫无误的设计令人惊叹，其中必有一双奇妙的手在调度万有！

光从手腕关节的伸缩，就可以知道有多少肌肉神经正在连接运作，若某个部位出了毛病，整个手腕便无法弯曲自如了。所以小至手指，大至宇宙万物，都按神的旨意精确地运行着。

那么为何有人还是不信创造之神呢？

综观古今，许多学说、知识不断影响人的思维，纵使去教会听到有关神的话语，仍是充满疑惑和冲突，而无法相信有一位创造的神。

只要未摆脱从世上输入的想法与知识，就无法得到神所赐的信心，永远只能充当一个怀疑论者。若没有属灵的信心，就无法相信天国与地狱的存在，当然觉得世界只是肉眼可见的世界，并以自己的方式生活。

在这世代，原本倍受肯定，后来却被新的理论取代或推翻的例子，不胜枚举。即使原先的理论并未被否定，也会因着后来不断地推陈出新，而难以维持原貌。

以上的内容，并非要抹煞许多科学家研究的结果，而是强调地球上有许多事物是人类的智慧无法测透的。

例如：人类从来没有到过宇宙最远处，也无法回到过去的时代。但总是有许多不同假设与理论来解释宇宙。假设："月球上可能有生物,或者太阳系的其它地方可能有生物。"等人类到了月球之后才宣布:"火星上可能有生物。"或者"那里有水存在的痕迹。"

纵使长时间的研究而增长知识,如果不知道神创造万物的大能与旨意,最终还是得承认人的能力有限。

罗马书一章20节:"自从造天地以来,神的永能和神性是明明可知的,虽是眼不能见,但藉着所造之物就可以晓得,叫人无可推诿。"

当打开属灵的眼睛,就能够通过受造之物,如太阳、月球与星星,而看见造物主的奇妙之工。借着这些可见之物,就能知道神的存在,并且相信祂。

3、神是自有永有的

知晓有一位神,接着便会产生"神是如何存在的?祂是从哪里来的?"或者"祂若出现,会是什么样子?"的疑问。

按照人类的想法,认为所有事物都应该有始有终。然而,唯独神的存在是人无法理解的,因祂是"昔在、今在、永在"的神。

出埃及记第三章记载耶和华神命令摩西将以色列百姓领到迦南地。摩西接着问神,如果以色列百姓问起祂的名字该如何介绍呢?

"神对摩西说'我是自有永有的。'又说'你要对以色列人这样说:"那自有的打发我到你们这里来。"'"(出埃及记三章14节)

"自有永有"是神的自我介绍。换言之,神并不是由谁生出或创造的，创造主本身就是一位完全的神。

太初，神是光与声音

约翰福音一章1节："太初有道，道与神同在，道就是神。"这样，神就是道，是自有永有的，神是个灵，祂是以"道"的形式存在于四维世界（四次元的世界），也就是属灵的世界，并不是肉眼能看见的。

太初神不以任何具体的形像存在，祂的存在如同深奥且美妙的光和纯净的声音，而且祂以自己存在的方式掌管着宇宙。

约翰一书一章5节："神就是光，在祂毫无黑暗。这是我们从主所听见，又报给你们的信息。"其中的属灵含义也阐明神在太初就是"光"。

太初，神以光和声音的形式存在。祂的声音是明净透亮、甜美且柔和的，环绕在整个宇宙中，只有亲耳听到过的人才能理解。

三位一体的神因对人类的爱，赐下圣子执行救赎的使命；圣灵则是执行保惠师的使命。

太初以前神是独自的

启示录二十二章13节："我是阿拉法，我是俄梅戛；我是首先的，我是末后的，我是初，我是终。"说明了圣父、圣子、圣灵是三位一体的真神。

"圣父"是人类知识和文明的阿拉法与俄梅戛；"圣子"是救

赎人类的首先与末后；而"圣灵"则是"耕作人类"的初与终。原来以光和声音的形式存在的神分离成三位一体的神，从此圣父、圣子、圣灵各自拥有自己的形像，为的是得到真正的属灵儿女。

创世记一章26节清楚地描述在创造天地时，三位一体真神的形像："神说：'我们要照着我们的形像，按着我们的样式造人，使他们管理海里的鱼、空中的鸟、地上的牲畜和全地，并地上所爬的一切昆虫。'"

创造之神从太初就存在，当时祂已计划好兴起真正的属灵儿女，可惜人类所做的事物不像神的创造，人手所做的都是有限且有缺陷的。有些人用金、银、铜、铁造出偶像当作是神，并跪在不能呼吸，不会说话，连眼睛也不眨的木头、石头跟前（参考哈巴谷书二章18-19节）。

这种把偶像当作真神来崇拜，真假不分的行径，（参考罗马书一章22-25节），只是徒增愚蠢罢了！

4、全知全能的神

神是创造宇宙万物的神，太初以前祂就存在，祂是全知全能的。

无论在旧约或新约时代，永不改变、全知全能的神常通过先知和使徒彰显大能作工。

圣经记载许多靠人的力量和能力是做不到的神迹和奇事。每个时代神都召选合适的人，彰显祂的大能，如今也照样显给我们看。

在约翰福音四章48节耶稣说："若不看见神迹奇事，你们总是不信。"

神彰显神迹奇事

在出埃及记里，以色列百姓出埃及前往迦南地的途中，神通过摩西彰显了许多神迹奇事。

例如：神命令摩西到埃及法老王那里降下十灾，并且分开了阻挡以色列百姓前往迦南地去的红海，使以色列人走海中的干地离开，而把埃及军队在大海之中全数溺毙。摩西以杖击打磐石，水就涌流出来；苦水变成可以喝的甜水；吗哪从天而降，喂饱旷野中没有食物可吃的数百万以色列人。

神也通过以利亚向众人预言将有三年半的旱灾；然而因他的恳切祈祷就降下大雨，并且还有让死人复活的奇迹。

在新约时代，则看到耶稣让死了四天的拉撒路复活，并使瞎子重见光明，医治各种疾病，并使附鬼的得释放；祂不但可以在水面上行走，而且可以平静风浪。

神也通过使徒保罗行出"非常的奇事"，甚至有人拿保罗身上的手巾或围裙放在病人身上，病就退去了，恶鬼也出去了（参考使徒行传十九章11-12节）。许多神迹奇事随着耶稣的门徒彼得而施展出来，圣经中记载了有人将病人抬到街上、放在床上或被子上，指望彼得过来的时候，影子照在他们身上，使病痊愈的事情（参考使徒行传五章15节)。

除此之外,司提反和腓利虽然身为执事,但神也通过他们彰显许多奇事。

5、神是圣经的作者

神是个灵,虽然肉眼看不见,但却能通过各种方式来显明自己的存在。神通常通过大自然、医治人类疾病或应允祈求来彰显自己,圣经更是神表达心意的工具。

人们通过圣经了解神的本质,遇见永活的真神,明白神的怜悯与慈爱,得到救恩和永生,并懂得神的心意,从而领会爱神的方法和蒙神爱的诀窍,打造成功的人生,进而将荣耀归给神(参考提摩太后书三章15-17节)。

圣经都是神所默示的

彼得后书一章21节说:"因为预言从来没有出于人意的,乃是人被圣灵感动,说出神的话来。"提摩太后书三章16节提到:"圣经都是神所默示的。"所以圣经从创世记到启示录的内容,都是照着独一真神的启示记录下来的,因此整本圣经就是神的话语。

例如:圣经处处出现"神说"、"主说"以及"耶和华说"等描述,这是记录圣经的人在确认圣经不是人的话语,而是神的话语。

整本圣经共有六十六卷书，内容包括旧约三十九卷和新约二十七卷。圣经的记载者约有三十四人；撰写圣经的期间是从公元前一千五百年起，到公元一百年左右，前后约有一千六百年的时间。令人惊讶的是：圣经虽经过这么漫长的时间并由多人记录而成，但内容却保有完整性，且无一没有伴偶；旧约里的预言，在新约中也都能得到印证。

以赛亚书三十四章16节："你们要查考宣读耶和华的书。这都无一缺少，无一没有伴偶；因为我的口已吩咐，祂的灵将他们聚集。"

由于圣经的作者是神自己，祂的圣灵掌管了记录者的心，并将要记录的话语赐下。要切记圣经的记载者不过是神的代笔人，圣经真正的作者只有神。

好比住在乡下的老母亲想写封信给城市里的小儿子，因为老母亲不认识字，只好口述让大儿子为她代笔。当小儿子看到信，绝不会因为信的字迹是哥哥的，就误以为内容是哥哥讲的。这与神是圣经作者是同样的道理。

圣经是充满神祝福与应许的爱的书信

圣经是神通过圣灵充满的仆人代笔，进而彰显神自己的书。

神的话就是灵、就是生命（参考约翰福音六章63节）。所以凡听见并相信这话的人，其灵魂必得着生命，以至于得永生。相信并遵行圣经的话，就能享受丰盛的生命，也能拥有耶稣基督的性情。

神为了将自己显于人类，便道成肉身到世上，那就是耶稣基督。门徒腓力因灵里无知，未能认出道成肉身的神，就求耶稣将父神显给他看，此时耶稣说："……人看见了我，就是看见了父。你怎么说'将父显给我们看'呢？……你们当信我，我在父里面，父在我里面，即或不信，也当因我所做的事信我。"（约翰福音十四章8-11节）

即使耶稣彰显了许多神迹，证明祂与神为一体，腓力还是要求耶稣将神显明。因此，耶稣说："当因我所做的事信我。"

因为人无法凭肉眼看到神，所以神为了将自己显明出来，道成肉身来到这世界，而且通过人记下了爱的情书——圣经。

只要通过圣经常与神对话，明白祂的旨意且遵行，必照神圣经上的应许，满得神的祝福和应允。

6、圣经记载的话语都是真实的

历史让人鉴察古今，特别是仔细研究圣经所记载的事件、人物、地点或风俗习惯时，就可以发现圣经是真实的历史记录。

由于旧约记录着客观的事实，例如从亚当与夏娃的时代开始，无论是关乎个人、种族或群体的重要或琐碎的事情都确实地记录，因此以色列人将旧约当做是神圣的历史教材，至今仍未改变。而且有许多历史学者也承认，圣经所记载的事都是确实存在的。尤其是借着历史能够得知圣经上的预言大多数都已应验，而且正在成就着。

创造之神与圣经

历史证明圣经的真实性

首先以圣经为根据，从以色列的历史查证，以证明圣经里神的话语尽都真实。

由于人类的始祖亚当得罪神，以致他的后裔全落入罪中，活在不认识神的世界里。在这种情况下，神为了将旨意传达给人而选择了一个民族。

神首先呼召亚伯拉罕，因他心地良善，胜过世上的众人。神炼净他，并让他成为信心之父。亚伯拉罕生以撒，以撒生雅各，而神称雅各为"以色列"，并使他的十二个儿子成为以色列民族的十二个支派。

当雅各在世时，神使他搬迁到埃及，并生养众多，进而建立一个国家，最后再带领他们到迦南地。

以色列百姓在迁移过程中，在旷野流浪的时候，神藉摩西赐下律法，教导以色列百姓靠着律法，也就是神的话语生活。

以色列人到了迦南地，遵守神的律法而蒙福，逐渐享受繁荣的生活。后来当他们开始崇拜偶像，行各种恶事，国家便受到侵略，以色列百姓沦为俘虏或奴隶。但当他们悔改，国家又再度复兴。这种情况一次又一次反复发生。

神通过以色列国的历史告诉世人，祂是活着的神，并且通过祂的话语来掌管一切。圣经里的预言必一一实现，还有一些将要实现。例如在路加福音十九章43至44节，耶稣看到耶路撒冷时说：

"因为日子将到,你的仇敌必筑起土垒,周围环绕你,四面围住你,并要扫灭你和你里头的儿女,连一块石头也不留在石头上,因你不知道眷顾你的时候。"

由于以色列人一直做神眼中看为恶的事,耶稣预言耶路撒冷城将遭到毁灭。当时,罗马帝国的提多将军命令军队在耶路撒冷城四周筑起土墙,将城包围,并杀害城中许多百姓。这个预言仅在耶稣说出预言后的四十年就实现了,也就是公元七零年。

马太福音二十四章32节:"你们可以从无花果树学个比方:当树枝发嫩长叶的时候,你们就知道夏天近了。"无花果树代表着以色列国,而这比喻是指当耶稣快要再来之前,以色列将会独立。历史证明了神话语的真实,公元七零年亡国将近一千九百年的以色列,于一九四八年五月十四日,奇迹般地重建了!

旧约的预言在新约实现

通过研读旧约的预言在新约时代一一实现,见证神的话是真实可信的。

只是,旧约中的律法不是得到神真正儿女的最好方式,因为它仅仅彰显神的影子而已。神通过旧约的预言应许弥赛亚降临。当时机成熟,神就派耶稣基督来到世上,成就祂的应许,实现祂的预言。

众所皆知西方国家以耶稣的诞生为起点,将人类历史年代划分为B.C.和A.D.。B.C是Before Christ（主前）的缩写，表示耶稣诞生前的历史时期；A.D是Anno Domini（主后）的缩写，表示耶稣诞生后的历史时期，人类历史纪年法成为耶稣诞生的证据。

创世记三章15节："我又要叫你和女人彼此为仇；你的后裔和女人的后裔也彼此为仇。女人的后裔要伤你的头，你要伤祂的脚跟。"

这节经文预言救主，也就是女人的后裔将会来到，而且祂将战胜死亡。"女人"指的就是以色列。属肉上耶稣是约瑟的儿子，属于以色列犹大支派（参考路加福音一章26-32节）。

以赛亚书七章14节："因此，主自己要给你们一个兆头，必要童女怀孕生子，给祂起名叫以马内利。"

是指神的儿子将会因圣灵感孕来到世上，代赎人类的罪。耶稣便是由童贞女马利亚因圣灵感孕而降生到世间的（参考马太福音一章18-25节）。

圣经预言耶稣要诞生在伯利恒，如同旧约弥迦书五章2节所说："伯利恒以法他啊，你在犹大诸城中为小。将来必有一位从你那里出来，在以色列中为我作掌权的，祂的根源从亘古，从太初就有。"

如同预言所说的，耶稣生于伯利恒，这也是历史中已验证的事实。

还有许多预言也实现了，像希律王差人将伯利恒城并四境所有的男婴都杀害（参考耶利米书三十一章15节；马太福音二章16节），耶稣骑驴驹进耶路撒冷城（参考撒迦利亚书九章9节；马太福音二十一章1-11节），以及耶稣复活升天（参考诗篇十六篇10

节；使徒行传一章9节）。

除此之外，跟随耶稣三年的门徒犹大背叛（参考诗篇四十一篇9节），以及他为了三十块钱出卖耶稣（参考撒加利亚书十一章12节），这两个预言也实现了。

看见旧约中的预言一一在新约时代实现，更坚定深信圣经的话都是正确的，都是出于神。

圣经上还未实现的预言

在新约时代救主耶稣基督来到世上，成就旧约中的预言。耶稣的预言、以色列历史，以及人类历史都相互呼应，毫无差错。只要详加考查世界历史，就可以发现圣经上的许多预言都已实现，其余的也将一一实现。

旧约时代与新约时代的先知都预言了世界的兴衰、耶路撒冷城的毁灭与重建，以及未来重要人物的事件。人们也将看到耶稣的第二次来临、七年大灾难、千年王国和白色大宝座审判。主正为我们预备一个祂所应许的地方（参考约翰福音十四章2节），将来我们要去那永生之所居住。

在这饥荒、地震、气候异常，以及灾难频发的世界，这些现象绝非偶然，这是耶稣基督将要再临的征兆（参考马太福音二十四章3-14节）。

警醒吧，子民！如同新妇妆饰整齐等候新郎一般，警醒祷告，自洁成圣。

创造之神与圣经

第二章　神创造并耕作人类

1、人类得救的道路
2、神创造人类
3、神为何耕作人类？
4、神分别麦子和糠秕

◆

创世记一章27-28节

神就照着自己的形像造人，

乃是照着祂的形像造男造女。

神就赐福给他们，又对他们说：

"要生养众多，遍满地面，治理这地；

也要管理海里的鱼、空中的鸟，

和地上各样行动的活物。"

◆

◆

人的一生，必然会对生命的起源、终点、目的、意义产生疑惑，并会试着去找寻答案。许多人曾用过各式方法找寻答案，却得不着。

古今中外许多知名人物，如孔子、释迦牟尼或苏格拉底等都曾试图找出这些问题的答案。孔子提倡以仁为政治、伦理的基本道德原则，培养了众多弟子；释迦牟尼为解脱生老病死之苦，长期体验苦行的生活；苏格拉底也曾照着自己的想法来找寻人生答案。

他们没有找着，仍不明白真理，终究未能获得永生。

因为在创世以前隐藏的奥秘是看不见、摸不着的属灵事物。只有领会创造主对人类计划的始末后，才能得到正确答案。

1、人类得救的道路

创造的神、耶稣基督、灵魂的根本、死后的情形、生命最终的目标和永生的道路，都阐明在圣经中，都在永生神的话里。耶稣基督十字架所显出的得救之道，便是神在万世以前所隐藏的奥秘，同时也显明了神的慈爱与公义。

通过耶稣基督的得救之道

基督信仰被称为"十字架的宗教"，许多基督徒自认已了解耶稣基督以及十字架的意义。若问起十字架的象征意义？回答可能是：大约两千年前，神的独生爱子耶稣基督道成肉身来到世间，为人类的罪被钉死在十字架上。第三天从死里复活，成为我们的救世主，所以只要相信耶稣基督，就可以得到救赎并进入天国。

然而，单凭如此认知是无法走上得救之路的。雅各书二章19节："你信神只有一位，你信的不错；鬼魔也信，却是战惊。"连仇敌魔鬼撒但，也相信只有一位神，但是它们却无法得救。

为什么单纯依靠知识来了解、认识神，和从内心领会、信靠神，这两者有差别呢？

"你若口里认耶稣为主，心里信神叫祂从死里复活，就必得救。因为人心里相信，就可以称义；口里承认，就可以得救。"

（罗马书十章9-10节）

举例说明：对一颗桔子，很容易可以辨认："啊！这是一颗桔子"。不过，若要详细说明吃桔子对人体的帮助，大概只有少数人能够深入回答吧！

虽说知识就是力量，但不去实践就毫无益处。如同只有剥开桔子吃下去，才能得到桔子真实的益处。通过吃的过程，才可以品尝到味道，并且得着桔子的营养来滋养血液、肌肉和骨头。

同样地，若没体会神的带领和十字架的意义，不清楚明白神的爱与恩典，那这信仰就是徒然的。

心里相信，口里承认

明白十字架的道理，从心里涌现对神的真爱，才能拥有属灵的信心，过正确的信仰生活，最终得到永生。如果持续在地上教会聚会十年、二十年，却仍旧活在罪恶中，过着与世俗为友的生活，是永远无法得救的。

在遇见神以前，我是个无神论者。对学校教导的无神论观点，不置可否，并以为这样别人会更认定我。

但实际上我打内心里不敢否认有死后的世界，也对死后落入地狱一说，存着恐惧之心。就在被疾病缠身，濒临死亡之际，我遇见了永生神，疾病完全得到医治，生命经历了奇迹般的转变，才明白了神的爱，以及十字架背后所隐藏的真理。

后来，我接受神的召唤成为主的仆人，用许多的见证告诉人们有关永生神的大能和救主耶稣基督，带领本来不认识神的灵魂走向得救之路。

因此只有明白神创造并耕作世人的原因，才能了解神创造生命真正的意义与目的。

2、神创造人类

人体的器官、组织与细胞极其精细奇妙，创造人类的神，照着自己的形像来创造人，并耕作人类，还预备了天国。神如何创造宇宙万物和人类呢？

六天的创造

创世记第一章记载神创造天地万物经过六天。例如:"神说:'要有光',就有了光。"(3节)接着说:"天下的水要聚在一处,使旱地露出来。"(9节)事就这样成了。

如同希伯来书十一章3节:"我们因着信,就知道诸世界是藉神话造成的,这样,所看见的,并不是从显然之物造出来的。"神通过祂的话创造宇宙万物。

神在第一天创造光,第二天创造空气,将水分为上下,第三天让天下的水聚在一处,使旱地露出来,神称旱地为地、水的聚集处为海。祂让地长出了青草和结种子的菜蔬并结果子的树木,各从其类,果子都包着核。第四天,祂创造太阳与月亮,大的管昼,小的管夜,又造众星。第五天,祂创造水中各样动物,滋生繁多,充满海中的水,各从其类,又造出各样飞鸟,各从其类。第六天,造出野兽,各从其类;牲畜,各从其类;地上一切昆虫,也各从其类。

以神的形像造人

创造之神在六天中预备美好环境让人类可以生存,接着照祂的形像创造人类。祂祝福人类成为万物之灵,让人管理一切。

神就照着自己的形像造男造女,又赐福他们说:"要生养众多,遍满地面,治理这地,也要管理海里的鱼、空中的鸟,和地上各样行动的活物。"(创世记一章27-28节)

神如何创造人类呢?"耶和华神用地上的尘土造人,将生气吹在

他鼻孔里，他就成了有灵的活人，名叫亚当。"（创世记二章7节）

在这段经文中，尘土指的是泥土。技术精湛的陶艺家，会使用上好瓷土制作出价格不斐的青瓷或白瓷器，而有些陶艺家只能制作质地粗糙的陶器和砖瓦。

陶器的价值在于是谁制造的，用何等烧窑技巧，用何种陶土制成，以及成型为什么样式的陶器。创造之神按着自己的形像创造人，那过程是多么地奇妙啊！

神按照祂的形像创造人之后，将生气吹进鼻孔里，这生命的气息使人成了有灵的活人。"生气"代表神的力量、能力、能量和灵。

将生气吹进人的鼻孔

知道日光灯发光的过程，就能更了解神如何创造有灵的活人。先备妥日光灯管，接上电源，然后将电源开启，日光灯才能发出亮光。家中的电视机也是如此，只要开启电源就能看到画面，但是电视机的内部设计与构造却非常复杂。

同样地，神创造人不只以尘土创造外表，也创造了人内部的器官与骨骼。祂创造血管让血液流动，也创造了神经系统让所有器官正常运行。神按着自己的能力，让尘土变成人柔软的皮肤。如同电流一般，祂将生气吹进人的体内后，血液就自动流动，也可以自由呼吸与活动了。

由于神在人的脑细胞中创造了记忆功能，人才可将所听闻以及感觉到的事物，存在脑细胞中。记忆累积成为知识，知识浮现成为意念，应用知识成为智慧。

人类虽是受造物，却可以不断地增进智慧与知识，并且发展出高度文明。如今，人类开始向宇宙探索，又发明了电脑，并将大量的资讯输入电脑，使生活型态发生极大的改变。如同神在人的脑细胞中创造了记忆功能，如今，人类也发明了能辨认文字与声音的人工智能型电脑，可以与人沟通。

人类尚且如此，更何况创造的神呢！对全知全能的神来说，祂用泥土创造人，再将生气吹入，使人成为有灵的活人，并非难事，但是对人而言，则是无比神奇的难事（参考诗篇一三九篇13-14节）。

3、神为何耕作人类？

以人类有限的知识无法了解灵界的事，所以耶稣曾用许多与耕作人类有关的比喻，来教导神的旨意。例如：撒种的比喻（参考马太福音十三章3-23节；马可福音四章3-20节；路加福音八章4-15节）、芥菜种的比喻（参考马太福音十三章31-32节；马可福音四章30-32节；路加福音十三章18-19节）、稗子的比喻（参考马太福音十三章24-30节、36-43节）、葡萄园的比喻（参考马太福音二十章1-6节）、不义园户的比喻（参考马太福音二十一章33-41节；马可福音十二章1-9节；路加福音二十章9-16节）等等。

这些比喻说：如同农民开垦土地，播下种子，经过一段时间后，到了秋收时期就要收割了；神创造了人，就必须耕作人类。同样到了时候，神将把麦子从稗子里分别出来。

神渴望与祂的儿女分享真爱

　　神有神性，也有人性。神性是全知全能创造主的能力本身；人性是人的心。神创造并掌管宇宙万物，也主宰人类的历史与生死祸福，神有喜、怒、哀、乐，所以祂乐意与儿女分享爱。

　　圣经多处记载神具有人性的事实。当神的选民以色列百姓行义时，神就欢欣喜悦并赐福；犯罪时则发怒且哀伤。

　　神如果只拥有神性，就不需要在创造万物的六天之后休息，也不需要与人建立关系。经上说："你求告我，我就应允你，并将你所不知道、又大又难的事指示你。"（耶利米书三十三章3节）

　　有时我们想独处，但有时则想与好友一起分享。同样神造人，也是因为祂想与人分享祂的爱；神在这个世上耕作人类，也是想获得真正理解和明白祂的心，并能一起分享爱与被爱之幸福的真正儿女。

神要祂的儿女遵循自由意志

　　天国里既然有许多对神完全顺服的天使天军，为何神还要创造人类、耕作人类呢？好像颇令人费解！那是因为天使天军并没有能与神分享爱的关键因素——"人性"，即没有"自由意志"。只像机器人般地接受命令，没有对喜、怒、哀、乐的感知。因此，无法与神分享发自内心的真爱。

有儿女的父母最能体会这般心境，如果有两个孩子，一个孩子对父母百依百顺，却好像毫无情感，从不表示自己的见解或爱心。另一个孩子虽然有时叛逆会伤父母的心，但事后会懊悔自己所做的事，并撒娇表达心里的感受。为人父母者当然喜爱乐于沟通、表达情感的孩子。

如同拥有机器人，会在生活起居协助，但即使如此，父母也不会爱机器人胜过儿女！因此，无论机器人如何为人效力，永远也无法取代儿女的位置。

神以为父的心肠，希望得到按着自由意志如儿女般与祂情感交流，并甘心乐意顺从祂旨意的儿女，而不是像天使天军，只是听命行事。于是神赋予人类自由意志，并教导真理之道，直到成为真儿女，恒久忍耐。

神以父母之心耕作人类

创世记六章5-6节："耶和华见人在地上罪恶很大，终日所思想的尽都是恶，耶和华就后悔造人在地上，心中忧伤。"

难道神创造人类的时候，没有预知这种结局吗？绝非如此！神是全知全能的，祂在万世之前早已知道创造人类的结果。知道因着人类的悖逆，祂将会后悔并心中忧伤，然而，祂仍然选择创造人类并且耕作。

身为父母，可以体会生养儿女的艰辛，除了喂养的繁琐细节，还有教导的重任，昼夜辛苦，儿女晚归要挂虑，儿女生病比自己有病还要焦虑和痛苦，这是一辈子的负担。如此辛苦，为何父母还要养育孩子呢？因为父母需要能够感受父母的爱，并且用真挚的爱来爱父母的儿女，因此无论付出怎样的辛劳也在所不辞。再者，若有品性、相貌等各方面与自己一模一样的儿女，父母该多么觉得可爱呢！

当然，谁也不敢保证所有的孩子长大后都会孝敬父母，儿女中或有孝敬父母的，或有伤透父母心的。尽管如此，父母还是会带着儿女将来功成名就，成为父母喜悦的盼望，不辞一切辛劳，牺牲自己。

同样，神早就知道人类会悖逆、堕落，使祂伤心，但知道还有许多能与自己分享爱与被爱之幸福的真儿女，因此还是创造并耕作了人类。

神要通过真儿女得到荣耀

在天国有无数的天军天使赞美、敬拜神。但神愿意通过祂自己亲手创造并亲手耕作的真儿女们得荣耀。

以赛亚书四十三章7节说："就是凡称为我名下的人，是我为自己的荣耀创造的，是我所作成、所造作的。"在哥林多前书十章31节中也教导："所以，你们或吃或喝，无论做什么，都要为荣耀神而行。"

神是创造主，是慈爱、公义的神。祂爱我们，甚至将自己的独生爱子赐给我们，并且为我们预备了美丽的天国，祂是配得赞美与荣耀的神。我们荣耀祂，祂必将这地上一切的美福赏赐我们，在天上也以永恒的荣耀回报我们。

但愿我们明白这一神的美意，造就自己成为能与神分享爱的真儿女。

4、神分别麦子和糠秕

农夫为了丰收而努力耕作，神也是如此。愿意多得由衷爱神并归荣耀于神的真儿女。

农夫收割麦子，会得到好麦子与不能用的糠秕，再将麦子与糠秕分开来，将好麦子收藏在仓库，而把糠秕用火烧掉。同样的，神也会耕作人类，并在收成的时候把麦子从糠秕中分别出来：

"祂手里拿着簸箕，要扬净祂的场，把麦子收在仓里，把糠用不灭的火烧尽了。"（马太福音三章12节）

你必须相信，神在世界上耕作人类，并且在所定的日子来到时，收回麦子——真正的儿女——到永生的天国，糠秕的下场则是被地狱不灭的永火烧掉。

而在神的眼中什么是麦子，什么是糠秕？天国与地狱景象如何呢？

麦子与糠秕

"麦子"代表接受耶稣基督、活在真理中并与神分享爱的人们,是曾经失去身份而今恢复了神形像的光明之子,并且遵行神话语行事为人、真正属神的儿女。

相反的,"糠秕"代表不接受耶稣基督,或者宣称相信耶稣基督,但实际上却不依靠神的话语而行,依旧犯罪,随从世俗的情欲而行的人们。

提摩太前书二章4节:"祂愿意万人得救,明白真道。"神希望所有人都成为麦子,进入天国。神也试着以各种方式带领人走向得救之路。然而,多数人还是违背神的旨意,活在自己的自由意志中。这样的人在神面前连动物都不如,因为失去了成为人类的真正核心价值。

神不会把糠秕与麦子一同收到天国里去。人不像动物,人有永不消灭的灵魂,因为神在创造人类的时候将生气吹进人体当中,因此神不能将如同糠秕的人毁灭掉,或者使他们完全消失。

但无可避免的是神会将麦子收回天国,享受永生的喜悦;将糠秕丢进地狱,用不灭的火烧尽。

天国的美好与地狱的恐怖

天国比世上的任何事物都美好。例如:世上花朵很快就枯干,但天国的花朵永不枯干,也不凋谢,因那里的一切都是永恒的;天国的道路用纯金铺成,如明净的玻璃一般;生命河如纯净的水晶闪闪发光；而房屋是用各种精金、宝石所建造，是言语无法形容的美丽【请参阅《天国》】。

在地狱里虫是不死的，火是不灭的，而火也像盐一样腌着在那里的每一个人（参考马可福音九章48-49节）。此外，那里有比火湖烧热七倍的硫磺火湖（参考启示录二十章10、15节）。没有得救的人必须永远在那不灭的火湖或硫磺火湖中被火烧。这是多么可怕、恐怖的事！【请参阅《地狱》】

如马可福音九章44节耶稣所说："你缺了肢体进入永生，强如有两只手落到地狱，入那不灭的火里去。"

慈爱的神为何在创造美好天国的同时，还要创造可怕的地狱呢？这如同农夫不把麦子和糠秕一同收在仓里，免得一同败坏，叫恶贯满盈的人们与充满爱和良善的人们同居，岂不污染了美丽的天国？因此，创造了地狱留置恶人，也是出于神的慈爱。

分别麦子和糠秕的白色大宝座审判

如同农夫每年都会撒种与收割，自从亚当犯罪被赶出伊甸园后，神持续地耕作人类，直到耶稣基督再来的时候。

在等待的过程中，神通过有信心的挪亚、亚伯拉罕、摩西、施洗约翰、彼得、使徒保罗等先知向人类传达了祂的旨意。直到如今，神仍继续通过祂的仆人们，不断地进行对人类的耕作。万事既有起头，就会有结束。同样，神对人类的耕作也并非永无止尽。

彼得后书三章8节表明："亲爱的弟兄啊，有一件事你们不可忘记,就是主看一日如千年,千年如一日。"就像神在六天创造宇宙万物之后休息一样,自从亚当不顺服而犯罪之后,神对人类进行6000年的耕作,耕作结束、耶稣再来的同时进入和平的千年王国时代。之后,通过白色大宝座的审判,神将会收麦子进入天国,而将糠秕丢入地狱的火湖里。

因此,愿我们明白神创造人类并耕作人类的伟大的旨意和大而无比的慈爱,清楚人生的意义和目的,因信称义,成为神的真儿女,进入天国,得享永生。

神创造并耕作人类

第三章　伊甸园里的分别善恶树

1、伊甸园里的亚当和夏娃

2、亚当因自由意志而不顺服

3、罪的工价乃是死

4、为何神放置分别善恶树？

创世记二章15-17节

耶和华神将那人安置在伊甸园,使他修理看守。

耶和华神吩咐他说:

"园中各样树上的果子,你可以随意吃,

只是分别善恶树上的果子,你不可吃,

因为你吃的日子必定死。"

人常因不了解创造主——神至深的爱和耕作人类的理由,往往会问"为什么神要放置分别善恶树在伊甸园里?"或者"为什么神让亚当走向死亡之路?"自以为神如果没有放置分别善恶树在伊甸园里,人就不会走向死亡,在伊甸园里永远幸福地生活。

也有人怀疑神可能事先不知道亚当会去吃分别善恶树的果子,其实这都是无稽之谈,因为不相信神是全知全能的。

再者慈爱的神岂能故意叫亚当摘吃禁果走向灭亡之路。

那么,神在园当中放置分别善恶树的理由是什么?亚当为何要走向死亡之路?

1、伊甸园里的亚当和夏娃

"耶和华神用地上的尘土造人,将生气吹在他鼻孔里,他就成了有灵的活人,名叫亚当。"(创世记二章7节)

活人是指有灵的人,神一开始造人并没有赋予任何知识。就像初生的婴儿,虽然脑中有记忆系统,但因还未看过、听过,也未学习过任何事物,只能凭本能活动。同样,亚当在受造成为人时,也没有任何属灵的智慧与知识。

亚当从神那里学习属灵的知识

神在东方的伊甸建立了一个园子,并将亚当安置在那里。神一一的教导亚当属灵的知识,即真理,同时也让亚当管理整个伊甸园。

伊甸园里的分别善恶树

创世记二章19节:"耶和华神用土所造成的野地各样走兽和空中各样飞鸟都带到那人面前,看他叫什么。那人怎样叫各样的活物,那就是它的名字。"可见亚当已拥有属灵的各种知识,也有足够能力管理整个伊甸园。

但是神看见亚当一个人独居不好,便取下他的一条肋骨,造了一个女人。神让亚当与妻子连合,二人成为一体。

这并不是因为亚当感到孤独,而是因为神在万世以前就独自所在,知道独处的感受,便施恩于亚当。在神的祝福下亚当与妻子生养众多,遍满地面。

亚当在伊甸园里生活了多久?

亚当与夏娃在伊甸园里生活了多久圣经并没详细记载,但可确知在伊甸园里的时间应该是超乎人想象的。

圣经把这些漫长的过程用几节经文概括记录,因此有人误以为,亚当被安置在伊甸园后不久,就吃了分别善恶树的果子而犯罪。圣经记载人类的历史只有六千年,可是发现的生物化石,据推测已有几十万年?那是因为这六千年并不包括他们在伊甸园里生活的日子,而是从亚当夏娃被逐出伊甸园时开始计算的。亚当在伊甸园度过无数岁月的时候,随着岁月变迁,地球的地壳和地质等产生过很多变动,各种生物也有过繁衍,或灭绝的过程,存留的许多化石可以作为证据。创世记一章28节,也记载了神祝福亚当住在伊甸园漫长的岁月,生养众多。

2、亚当因自由意志而不顺服

神赋予亚当与夏娃自由意志，并在伊甸园里享受丰盛富足的生活。然而神有一项禁令，就是不可吃伊甸园里分别善恶树上的果子。

亚当若真正爱神并信赖神，即便有想吃的欲望，也不会违背神的命令去吃分别善恶树上的果子，但他并未遵行神的旨意，并没有真正爱神。神在伊甸园里放置了分别善恶树，在神人之间建立了严格的秩序，并且赋予人自由意志。为的是要得到打从心底遵从顺服神的真儿女。

亚当忽略神的命令

圣经中神对人应许说：若遵守并留意听祂的诫命，就能得到祝福（参考申命记十五章4-6节，二十八章1-14节），尽管圣经记载无数这等应许，但全守神诫命的人有多少呢？

神教导亚当，遵守诫命就可以享受永生福乐，否则就会落入永远的死亡。神也警戒亚当，千万不可吃伊甸园里分别善恶树上的果子。

然而，亚当与夏娃经过了漫长的岁月后忽略神的命令，摘吃了善恶果。魔鬼撒但一直虎视眈眈想阻碍神的计划，终于成功地通过比田野一切活物更狡猾的蛇，引诱亚当与夏娃违背神的旨意，吃下分别善恶树上的果子（参考创世记三章1节）。创世记二章15节记

伊甸园里的分别善恶树

录，神让亚当管理整个伊甸园，免得撒但进入。然而，撒但竟然唆使伊甸园里的蛇来施展诡计，是何原因呢？

其实撒但是空中掌权的邪灵，没有具体的形体，如无线电波一样在空间运行，所以通过掌控伊甸园里的蛇的意念来引诱夏娃。在每一天创造工作结束时，圣经上重复记载了一句特别的话："神看着是好的。"但这句话并没有在第二天创造之工结束时出现。

以弗所书二章2节："那时，你们在其中行事为人，随从今世的风俗，顺服空中掌权者的首领，就是现今在悖逆之子心中运行的邪灵。"证实神早已知道邪灵会得到掌管空中的权柄。

夏娃落入蛇的引诱

蛇只是一种在田间的动物，却能成功引诱夏娃违背神的命令。

在伊甸园中，人可与所有的活物直接沟通，像花、树、鸟、野兽等等，夏娃也能与蛇沟通。当时的蛇跟现在的蛇不同，它讨人的喜爱，并与人亲近。是圆滑、洁净、修长、且聪明伶俐（马太福音十章16节）的动物。蛇很懂得夏娃的心，颇讨她喜悦；如同狗比别的动物聪明顺服，所以会受到主人喜爱一样。

一般人对蛇的印象都是可怕、狰狞、毛骨悚然、令人讨厌的，这是因为蛇引诱人类始祖落入灭亡之路，所以人类从本性里就厌恶蛇。

要了解蛇狡猾的特性，必须明白它所自出之土的特性。各种土壤的成分不尽相同，其固有的成分是不会因着时间的流逝而改变，但其中加入其它物质就会改变,有较粗糙的劣土,有细腻的好土。神用泥土造出各种走兽和飞鸟,因动物种类的差异,选用的土壤也有不同(参考创世记二章19节)。

神原本将蛇创造得极聪明,讨人喜欢。可是,自从撒但的恶性成分进入之后,就变成狡猾的动物。如果蛇不听从撒但的声音,只照神的旨意而行,就会成为善良的动物。但因听从撒但的声音,便成为狡猾的动物,以至迷惑人置于死亡。

夏娃改变了神的话

受撒但掌控的蛇知道神告诉亚当夏娃:"只是分别善恶树上的果子,你不可吃,因为你吃的日子必定死!"(创世记二章17节)而蛇却狡猾地问夏娃说:"神岂是真说不许你们吃园中所有树上的果子吗?"(创世记三章1节)

夏娃如何回答蛇呢?

女人对蛇说:"园中树上的果子,我们可以吃;惟有园当中那棵树上的果子,神曾说:'你们不可吃,也不可摸,免得你们死。'"(创世记三章2-3节)

神强调他们绝对不可吃分别善恶树上的果子,"因为吃的日子必定死"(参考创世记二章17节),但夏娃却变更神的话语说:"免得你们死。"

这是夏娃没有将神的话语牢记在心的凭证,也是对神的话语没有确信的表现。所以,蛇一听到模棱两可的回答,立刻察觉有机

伊甸园里的分别善恶树

可乘。蛇告诉夏娃说："你们不一定死。"于是蛇开始改变神的话，并说："因为神知道，你们吃的日子眼睛就明亮了，你们便如神能知道善恶。"（创世记三章4-5节）这样一来，使得夏娃加增好奇心而想要吃分别善恶树的果子。

亚当和夏娃因自由意志而不顺服

撒但通过女人的意念注入贪心，夏娃开始觉得善恶树不像从前了。创世记三章6节："于是女人见那棵树的果子好作食物，也悦人的眼目，且是可喜爱的，能使人有智慧，就摘下果子来吃了；又给她丈夫，她丈夫也吃了。"

因为没用神的道去抵挡受撒但操控之蛇的引诱，便有肉体的情欲、眼目的情欲和今生的骄傲在夏娃的心里滋生，从此落入了不顺服的罪中。

难道是与生俱来的罪性使他们摘吃分别善恶树的果子？亚当在违背神的旨意前并没有罪性，而只有良善之心。只是因为有自由意志，可以选择吃，也可以选择不吃神所命定的禁果。然而，随着漫长的岁月流逝，他们便淡忘了神的命令，当撒但通过蛇引诱、试探时，就入了迷惑，违反了神所立的次序，恶便进入了他们里面。

这如同孩子渐渐被恶沾染的过程。言行粗鲁的孩子，并非生来就那么恶。一开始听到别人粗鲁的言语或谩骂，不懂其意思，只是模仿那些行为。看到打人的情形，就出于好奇试着打人，看到孩子被打哭就觉得有趣，于是三番五次地打人，便打人成性，邪恶便在心中怀胎。

同样的，有灵的活人——亚当起初并没有恶性，但吃了分别善恶树上的果子后，恶便滋生，成为罪人。

3、罪的工价乃是死

摘吃禁果的亚当和夏娃照着神说"你吃的日子必定死。"果真死了（创世记二章17节）。受蛇引诱的夏娃因着要与神同等的贪婪，摘吃了善恶树果，其罪的工价——死亡就临到了她。

罗马书六章23节提到一个灵界的法则——"罪的工价乃是死。"下面再深入了解亚当与夏娃是如何因不顺服而落入死亡，成为后代子孙的鉴戒。

灵的死亡

神清楚告诉亚当和夏娃："只是分别善恶树上的果子，你不可吃，因为你吃的日子必定死。"然而他们违背命令后并未立即死亡，仍存活了好长时间，还生养众多。那神为何说"死"呢？神所指的"死"，并不单纯指肉体上的死，也指"灵"的死。

原来有灵的活人通过灵与神交通，而魂是灵的仆役，肉体则是灵与魂的居所。帖撒罗尼迦前书五章23节提到，人是由灵、魂、体组成的。亚当和夏娃违背神的命令，掌管人的灵就死了。

神是全然圣洁，祂住在光中，因此有罪的人无法与祂交通。亚

伊甸园里的分别善恶树

当的灵活着的时候，可以与神交通，但犯罪之后，灵就死了，就不能再与神交通了。

痛苦生活的开始

伊甸园是一个富足美好的地方，丝毫不必担心、忧虑任何事情。亚当和夏娃原本居住在那里，吃生命树上的果子而永远活着。但因犯罪，被逐出伊甸园，痛苦的生活随之而来，人类的苦难由此开始。

女人多多加增怀胎的苦楚，生产儿女也必多受苦痛；妻子必恋慕丈夫，丈夫必管辖女人；男人也因地受诅咒必须终身劳苦，才能从地里得吃的（参考创世记三章16-17节）。

创世记三章18至19节，神告诉亚当："地必给你长出荆棘和蒺藜来，你也要吃田间的菜蔬。你必流汗满面才得糊口，直到你归了土，因为你是从土而出的。你本是尘土，仍要归于尘土。"神通过这段经文启示，人类定会归回尘土。由于人类的始祖亚当犯罪而使灵死亡，以致他所有的后裔也都带着罪出生，并走向死亡之路。

罗马书五章12节："这就如罪是从一人入了世界，死又是从罪来的，于是死就临到众人，因为众人都犯了罪。"

人出生时都带着原罪

神创造人类的时候，赋予人生命的种子，可以不断地繁衍后代。生命就是精子和卵子两者结合后产生的。而精子与卵子里面蕴含着父母的"精气",所以婴儿就有父母的特性,如长相、个性、口味、习惯、喜好,以及走路的样子等等。

亚当的罪性也因遗传,传给所有的后裔,无一幸免——这就是所谓的"原罪"。亚当的后裔都带着原罪出生,所有的人自然都有了罪。

纵然有些不懂真理的人提出抗辩:"为什么我是罪人?我并没有犯罪啊!"也有人质疑:"亚当的罪是如何传给我呢?"

如果在未满周岁的婴儿面前,婴儿母亲喂别的孩子奶水,婴儿通常会生气,甚至嚎啕大哭。没有人灌输婴儿嫉妒、憎恨、贪婪或者打人的念头,但婴儿出生就已经会了,事实证明人类都有原罪,这原罪是从父母身上遗传来的。

除了原罪,人在一生中犯许多罪,这叫做"自犯罪"。神就是光,以神的标准来看,罪不仅仅包括行为犯罪,运行在心里的恶念也属于罪,如怨恨、论断、贪婪等等(参考马太福音五章28节)。

圣经说凡有血气的没有一个能因行律法在神面前称义。因为律法本是叫人知罪。世人都犯了罪,亏缺了神的荣耀(参考罗马书三章20-23节)。

人被撒但诱惑犯罪

亚当犯罪后,万物也都受了诅咒,像亚当曾经治理的这地、家畜、田间的野兽、空中的飞鸟都因他一人受了诅咒。从而产生苍蝇或蚊子之类的传染病菌的害虫,地也开始长出荆棘与蒺藜,人必汗

伊甸园里的分别善恶树

流满面才得糊口,万物都受了诅咒。

罗马书八章20至22节:"因为受造之物服在虚空之下,不是自己愿意,乃是因那叫他如此的。但受造之物仍然指望脱离败坏的辖制,得享神儿女自由的荣耀。我们知道一切受造之物一同叹息、劳苦,直到如今。"

创世记三章14节,神对那诱使人犯罪的蛇说:"你既做了这事,就必受咒诅,比一切的牲畜野兽更甚。你必用肚子行走,终身吃土。"实际上蛇并不吃土,而是吃鸟类、蛙类、老鼠和各种昆虫。

这"土"的灵意是:泥土所造的人(参考创世记二章7节),"蛇"是指仇敌魔鬼撒但(参考启示录二十章2节)。神让蛇吃土,象征着违背神话语、行在黑暗中的人,将会被仇敌魔鬼当作食物般吃掉。

即使是神的儿女,若是犯罪行恶违背神的旨意,也会受到魔鬼所带来的试探与患难。"务要谨守,警醒。因为你们的仇敌魔鬼,如同吼叫的狮子,遍地游行,寻找可吞吃的人。"(彼得前书五章8节)

魔鬼撒但不断引诱口说"我相信神",但却怀疑神话语的人,引他们走灭亡的道路。通常,魔鬼撒但会通过配偶或朋友等最亲近的人来行诱惑,就如夏娃被喜爱的蛇引诱一样。

日常生活中可能会碰到配偶或朋友挑战:"只要礼拜天早上做大礼拜就好了,何必晚礼拜也要去呢?"或者问:"聚会也太频繁了吧?""神既然是全知全能的,祂一定知道所求的,又何必要那么大声呼求祷告呢?"

神明确地表示:"当纪念安息日,守为圣日。"(出埃及记二十章8节)"不可停止聚会。"(希伯来书十章25节)以及"你们要呼求我,祷告我,我就应允你们。"(耶利米书二十九章12节)魔鬼撒但无法引诱那些将这些道存在心里的人(参考马太福音七章24-25节)。

以弗所书六章11节:"要穿戴神所赐的全副军装,就能抵挡魔鬼的诡计。"所以,要为自己穿戴神真理的话语,并且勇敢地以信心与真理抵挡仇敌魔鬼撒但的引诱。

4、为何神放置分别善恶树?

神在伊甸园里安置分别善恶树,目的不是要使人灭亡,反而要赐给人真正的祝福。很多人往往误解神的爱和公义,即使对神有信心的人,有时也不知道自己信仰的目的,而糊涂地过日子。

神在伊甸园里安置分别善恶树,又如何证明这件事对人类有益呢?

亚当与夏娃不知道真正的幸福

伊甸园是一个超乎人想象、美丽而富足的地方。神在那里创造各种果树,不只树木悦人眼目,树的果子还可以当食物吃。园子中又有生命树和分别善恶树(参考创世记二章9节)。

神为何在伊甸园正中央放置分别善恶的果树呢?目的是希望人们通过分别善恶树,了解相对性。人们在经历了泪水、悲伤、贫穷

伊甸园里的分别善恶树

或疾病后，心中会回想亚当夏娃在伊甸园的幸福时光。然而，伊甸园里的人们并不能体会真正的幸福，也不知道何谓真爱，因为不明白"相对性"。

例如有两个孩子，一个在贫穷的环境中长大，另一个则过着富裕的生活。如果给他们昂贵的玩具当礼物，过好日子的孩子，极难感受礼物的贵重而心存感激；在贫穷的环境的孩子则会由衷地欢喜和感恩，视礼物为宝贝。

真幸福的相对性

若想了解并享受事物的真正价值，就必须经历它的相对性。体会真幸福，当先经历痛苦，要得真正的爱，就要经历恨。没有经历过疾病的痛苦，就无法知晓健康的珍贵。若不认识死亡与地狱，就不会明了永生的价值，也不会向那位预备天国的父神心存感谢。

人类始祖亚当在伊甸园漫长的岁月享受一切美好的事物，并拥有管理万物的权柄，不需经历痛苦与汗水就得到一切。因此，对神的赐予并未心存感恩，也不了解神的伟大与慈爱。

亚当违背神的命令而犯罪，他的灵便因罪而死亡，成了属肉体的人。他与妻子都被赶出伊甸园，来到地球上生活，开始经历流泪、忧愁、疾病、苦难、不幸、死亡等。

经历苦难，亚当与夏娃才真正了解幸福和神所给予的自由与富足是何等宝贵。我们若对幸与不幸全然无知，就算永远活着，也没有什么意义。若能理解生命的意义，即使目前处在困苦中，对生活仍会充满盼望。

焉有父母因学业艰辛为由不送孩子上学呢？父母如果真正爱儿女并为儿女的前途着想，虽然明知儿女在求学过程中会遇到艰辛和困难，也会让儿女继续上学，学习各样学问，积累经验。这就如同父神让人类受耕作，被精炼。

因此，神放置了分别善恶树，而且亚当在凭着自由意志摘吃善恶果的时候也没有制止。并使人类在这地球上经历神的耕作，体验一切喜、怒、哀、乐。因为人类只有体验相对性，了解什么是真正的爱、喜乐和感恩，才能从内心里来爱并敬畏本为爱和真理的神。

愿我们领悟神奇秒的慈爱和旨意，常常感谢神的大爱，永远爱赐我们真幸福的父神。

认识真幸福，充满天国的盼望

在世上受到耕作，认识真幸福的人进入天国，那时的喜乐与激动的心情是无法形容的。在属肉体的世界中，一切事物都会腐烂死亡，但在永生的天国没有腐朽和死亡，也没有离别、眼泪与悲伤。

在世上，黄金是贵重的，但天国所有的道路都是以黄金铺成，房屋也都是用美丽的宝石来建造，何等的美好啊！

在我遇见神之前，一向视黄金为至宝，但了解天国以后，世上所有都成了虚空、毫无价值了。世上的生命与永生的天国比起来，只是瞬间而已。

若真正相信并存着对天国的盼望，就会思考该如何拯救更多的灵魂进入天国，传天国的福音，成就世界福音化，荣耀归于神，并累积财富于天国，而非地上。

使徒保罗因看见了神在异象中显示的第三层天，因此以喜乐和感恩的心面对艰难的传道之路。神让他看见极其美丽的天国，他经常受棍棒、鞭子、石头的击打，并被监禁，在传福音的过程中流了许多血，尽管如此艰辛，但保罗知道所做的一切，将会得着属天的奖赏。

属神儿女的盼望并不在地上，乃以天国为长久的盼望。因为知道世界只是瞬间，天国才是永恒的，所以一心仰望所要得的奖赏，凡事谢恩，常常喜乐。

在不懂得真爱和幸福的真谛的状态下永活在伊甸园，和懂得相对性，受到耕作之后，进入天国得享真正的幸福，这两者当中大家会选择哪一个呢？如果您真正领悟神放置分别善恶树的慈爱和美意，哪怕是在地上经历流泪、忧愁、痛苦和死亡，也要接受神的耕作，进入永恒的天国。

愿大家明白造物主长阔高深的慈爱和奇妙的旨意，弃绝一切罪与恶，具备进入天国的资格，将来永享天国的美福。

第四章 万世以前所隐藏的奥秘

1、亚当将权柄交给了仇敌魔鬼

2、土地赎回法

3、万世以前所隐藏的奥秘

4、耶稣符合土地赎回法

哥林多前书二章6-8节

然而，在完全的人中，我们也讲智慧。

但不是这世上的智慧，

也不是这世上有权有位、将要败亡之人的智慧。

我们讲的，乃是从前所隐藏、神奥秘的智慧，

就是神在万世以前预定使我们得荣耀的。

这智慧，世上有权位的人没有一个知道的；

他们若知道，

就不把荣耀的主钉在十字架上了。

亚当和夏娃在伊甸园受蛇的诱惑，想要与神同等，因而摘吃了分别善恶树的果子。结果，不仅两人犯下悖逆之罪，子孙后代也都成了罪人。

从肉体上来看，亚当与夏娃因被逐出伊甸园而受痛苦，走向灭亡。但若以属灵角度来看，这是一个莫大的祝福，正因为因此才有机会得到救赎，享受永生，他们的后代也因着耶稣基督而得到属天的祝福。

神为了耕作人类，把万世以前所隐藏的奥秘，显明出来。下面深入探讨这隐藏已久的奥秘，并明白救赎之路是如何向人开启的。

1、亚当将权柄交给了仇敌魔鬼

路加福音四章5至6节，魔鬼试探已禁食四十天的耶稣："魔鬼又领祂上了高山，霎时间把天下的万国都指给祂看，对祂说：'这一切权柄、荣华，我都要给你，因为这原是交付我的，我愿意给谁就给谁。'"

这段话说明曾有人把一切权柄荣华交给魔鬼，所以它可以任意使用。原本神所掌管的权柄是如何落在魔鬼手中呢？

创世记一章28节："神就赐福给他们，又对他们说：'要生养众多，遍满地面，治理这地，也要管理海里的鱼、空中的鸟，和地上各样行动的活物。'"

亚当从神那里得到管理万物的权柄后，成为万物的主人，后来他与妻子受蛇诱惑，吃了分别善恶树的果子，违背神而犯了罪。

罗马书六章16节："岂不晓得你们献上自己作奴仆，顺从谁，就作谁的奴仆吗？或作罪的奴仆，以至于死；或作顺命的奴仆，以至成义。"人犯了罪，就成了罪的奴仆，走向灭亡；然而若顺服神的命令，就成了义的奴仆，并且能进入天国。

亚当自从犯了罪，变成罪和死亡的奴仆后，就无法再拥有神所赐的权柄，必须将掌管世上万物的权柄交给魔鬼，如同奴仆所有的都属于主人一样。亚当的不顺服，使他的后代都有了罪，更造成他与后代子孙均成了魔鬼的奴仆，走向灭亡。

2、土地赎回法

如何才能够脱离魔鬼撒但之手，得到自由并从罪与死亡中得到救赎呢？

或许有人说：神是造物主，满有慈爱，无条件赦免人的罪不就可以吗？

但哥林多前书十四章40节说："凡事都要规规矩矩地按着次序行。"神会按属灵的法则，让万事照着次序行。神是公义的，因此祂不会违反属灵法则。

在灵界中，罪人将会灭亡的法则，就是："罪的工价乃是死。"但也有赎回罪人的法则，也就是"可以"把亚当交给魔鬼的权柄重新要回来。

赎罪的法则就是在旧约圣经中记载的土地赎回法。在万世以前，父神早已计划安排这项奥秘，就是救赎人类的法则。

土地不可永卖的法则

神在利未记二十五章23至25节，说："地不可永卖，因为地是我的，你们在我面前是客旅、是寄居的。在你们所得为业的全地，也要准人将地赎回。你的弟兄若渐渐穷乏，卖了几分地业，他至近的亲属，就要来把弟兄所卖的赎回。"

意思是属神的每一块地不可永远卖出。若有人因为贫困卖了地，神便允许卖主本人或其至近亲属把所卖的地赎回，这就是土地赎回法。

神的选民以色列百姓，至今买卖土地时仍然沿用这个法则，也就是土地不可永卖。

土地的买卖者在交易时会签订买卖合约。合约书里写明将来可以通过至近的亲属赎回这地。合约书一式两份，盖上买卖人的印章，还要有证人在场。一分封存于圣殿仓库，另一份不加封的则摆在圣殿入口处。不论何时有了赎地的能力，即可由本人或至近的亲属来赎回。

土地赎回法与人类的救赎

创世记三章19节与23节，提到土地赎回法与人类救赎有着直接关系：

万世以前所隐藏的奥秘

"你必汗流满面才得糊口,直到你归了土,因为你是从土而出的。你本是尘土,仍要归于尘土。"(创世记三章19节)

"耶和华神便打发他出伊甸园去,耕种他所自出之土。"(创世记三章23节)

神在亚当犯罪后说:"你本是尘土,仍要归于尘土。""尘土"指的是以尘土所造的人类。意思是:人是以尘土所造,因此死后仍然要归回尘土。

土地赎回法说明所有土地都是属神的,而且不可永卖(参考利未记二十五章23-25节)。这段经文的意思是:所有以尘土所造的人都是属神的,不可以永卖。这说明亚当从神那里所得到的权柄,也不可永卖,因为这一切都属于神。

亚当的权柄虽然交给了魔鬼撒但,但是若出现了符合资格的适当人选,就可以从魔鬼手里将权柄要回来。同样的,公义的神根据土地赎回法,安排了一个完全合于这法则的赎回者——人类的救主耶稣基督。

3、万世以前所隐藏的奥秘

万世以前,神已经知道亚当会犯罪,使他自己与后裔都落入死亡。慈爱的神早已预备了救赎人类的计划,直到所定的时刻到来。

如果魔鬼事先知道神救赎人类脱离罪恶和死亡的计划，就会想尽办法破坏，因此，神始终没有揭开这救赎人类的计划。哥林多前书二章7节："我们讲的，乃是从前所隐藏、神奥秘的智慧，就是神在万世以前预定使我们得荣耀的。"

耶稣基督是神的智慧

罗马书五章18至19节："如此说来，因一次的过犯，众人都被定罪；照样，因一次的义行，众人也就被称义得生命了。因一人的悖逆，众人成为罪人；照样，因一人的顺从，众人也成为义了。"

这段话的意思是：由于亚当一个人的罪过，使所有人类走向死亡；同样，也由耶稣一个人的顺从，所有人类都能成为义人，而且得救。

神在万世以前的奥秘，就是通过耶稣基督，让祂从死里复活，使信祂的人都能得救。哥林多前书一章18节："因为十字架的道理，在那灭亡的人为愚拙，在我们得救的人，却为神的大能。"

从人的观点来看，神的儿子被祂所造的人类杀害是一件很愚拙的事情，然而，这件"愚拙的事"却是神智慧的计划，"因神的愚拙总比人智慧，神的软弱总比人强壮。"（哥林多前书一章25节）圣经清楚说明，若不以这种方式救赎，人类没有其它生路可走。神为世人打开了救赎的道路，使信耶稣基督的人都可以得救。

罪的工价乃是死！所以，若没有耶稣为我们的罪而死，任何人都无法得救。耶稣因为人类的罪被钉在十字架上，神又用祂的大能使耶稣死里复活。这个在世人看为愚拙的计划，神早已隐藏了许久的时间。

神将耶稣基督和祂被钉十字架的奥秘隐藏，不让撒但知晓。因为它一旦知道，就会破坏这计划，也就不会把耶稣钉死，耶稣就不能成功的将人类从罪恶与死亡里拯救出来，合法地在十字架上取回亚当失去的权柄。

哥林多前书二章7至8节："我们讲的乃是从前所隐藏、神奥秘的智慧，就是神在万世以前预定使我们得荣耀的。这智慧，世上有权有位的人没有一个知道的，他们若知道，就不把荣耀的主钉在十字架上了。"

4、耶稣符合土地赎回法

就像签合约有规定一样，属灵的法则也有规定。想要把亚当被夺去的权柄重新向魔鬼要回来，就必须具备土地赎回的条件。

假设有一个人面临公司破产，负债累累，没有钱清偿，若他有一个很有钱并且爱他的哥哥，哥哥自然会替他还债。

由于亚当一人犯罪，所有的人也都有了罪，并且需要一位合乎条件的赎回者。这位赎回者应该具备什么条件，为何只有耶稣基督符合这些条件呢？

第一、救赎者必须是人

利未记二十五章25节:"你的弟兄若渐渐穷乏,卖了几分地业,他至近的亲属就要来把弟兄所卖的赎回。"土地赎回法规定,若有一个人因着穷困卖了地,他至近的亲属可以把地赎回。

哥林多前书十五章21至22节:"死既是因一人而来,死人复活也是因一人而来。在亚当里众人都死了,照样,在基督里众人也都要复活。"能够取回亚当失去权柄的赎回者,第一个条件就是:他必须是人。

对于这个问题,启示录五章1至5节如此记载:

我看见坐宝座的右手中有书卷,里外都写着字,用七印封严了。我又看见一位大力的天使大声宣传说:"有谁配展开那书卷,揭开那七印呢?"在天上、地上、地底下,没有能展开、能观看那书卷的。因为没有配展开、配观看那书卷的,我就大哭。长老中有一位对我说:"不要哭!看哪,犹大支派中的狮子,大卫的根,祂已得胜,能以展开那书卷,揭开那七印。"

"书卷里外都写着字,用七印封严了"乃指亚当成了罪人以后,神和魔鬼之间签订的合约书卷。使徒约翰当时想在天上、地上或地底下找一个能够开启封印、打开书卷的人,但却找不着。

这是因为天国里的天使不是人类,地球上的人类也因亚当成了罪人，而地底下的阴间都是注定下地狱的罪人和属魔鬼的种类。因此没有一个有资格开启封印、打开书卷的人。

使徒约翰因此事而甚为哀恸，于是有一位长老来告诉约翰："不要哭！看哪，犹大支派中的狮子，大卫的根，祂已得胜，能以展开那书卷，揭开那七印。"这里"大卫的根"指的就是耶稣，因为祂是犹大支派中大卫的后裔（参考使徒行传十三章22-23节），所以，只有祂才符合土地赎回法的条件。

也许有人会说："耶稣既然是神的儿子，也就是神，怎么能成为人类的近亲呢？"要记住约翰福音一章1节："太初有道，道与神同在，道就是神。"在一章14节说："道成了肉身，住在我们中间，充充满满地有恩典有真理。"耶稣就是那道，住在我们中间。

由此可知，道就是神，道成肉身来到世间的那位，就是耶稣。祂是神的儿子，在祂身上既有神性，也有人性。祂就像人类一样，以肉身出生并成长。所以人类历史以耶稣的降生日为分界线：耶稣降生以前的历史为"公元前"，也就是B.C；耶稣降生以后的历史为"公元后"，即A.D。由此证明耶稣是道成肉身，降世为人。另外，耶稣的降生、成长，以及被钉在十字架上的每一件事都是明显的证据。因此，耶稣符合成为救赎者（赎回者）的条件。

第二、必须不是亚当的后裔

要想替自己的兄弟还债，必须本身没有负债。同样，要想替别人赎罪，救赎所有人类免于死亡，就必须自身无罪。所有人类因亚当犯罪，都成了罪人，所以亚当的后裔都没有为别人赎罪的条件。即使是历史伟人也无法替人赎罪。

耶稣是否真有替人赎罪的条件呢？

马太福音一章18至21节记载耶稣出生的事。祂是由圣灵感孕而生，不是通过男人和女人结合受孕而生：

> 降生的事记在下面：他母亲马利亚已经许配了约瑟，还没有迎娶，马利亚就从圣灵怀了孕。她丈夫约瑟是个义人，不愿意明明地羞辱她，想要暗暗地把她休了。正思念这事的时候，有主的使者向他梦中显现，说："大卫的子孙约瑟，不要怕，只管娶过你的妻子马利亚来，因她所怀的孕是从圣灵来的。她将要生一个儿子，你要给他起名叫耶稣，因祂要将自己的百姓从罪恶里救出来。"

如经文所述，从肉身来看，耶稣属于大卫的后裔（参考马太福音一章；路加福音三章23-37节），然而，祂的母亲马利亚和约瑟订婚后，在同房之前就从圣灵怀孕，因此在耶稣的身上没有人类的罪性。

犯了罪的亚当，后裔都是通过男女结合而生，因此亚当身上的罪就一一传给后代子孙，这就是"原罪"的由来。所有亚当的后裔都是罪人，因而无法替别人赎罪。

所以，父神预备了祂的独生爱子耶稣，通过圣灵的能力使马利来亚怀孕。如此,耶稣虽成了肉身来到世上,但祂并不是亚当的后裔。

第三、必须具有胜过仇敌魔鬼的能力

利未记二十五章26至27节说:

"若没有能给他赎回的,他自己渐渐富足,能够赎回,就要算出卖地的年数,把余剩年数价值,还那买主,自己便归回自己的地业。"

乃是说想赎回已经出售的土地,必须具有一定的财力。

一个人想要马上还清债务,没有钱就无法偿还。同样的,赎回者自身必须没有罪,才能赎回有罪的人。"无罪"在赎回者身上是很重要的条件。

此外,赎回者也必须具有胜过撒但魔鬼的能力,好取回亚当失去的权柄。这表示:赎回者不但本身要没有原罪,也必须没有自犯罪。唯有无罪的赎回者才可以胜过魔鬼撒但,并从它手中救赎全人类,因为在灵界里无罪就是能力。

那么,耶稣是不是真的完全无罪呢?

耶稣是由圣灵感孕而生,所以没有受人"精气"的遗传,故没有原罪;祂完全遵守神的律法,祂从小在敬畏神的父母管教中成长;祂也完成了爱的律法,在诞生后满八天,就行了割礼(参考路加福音二章21节）；在三十三岁时，祂被钉死在十字架上。所以，从生到死，祂没犯过任何罪（参考彼得前书二章22-24节；希伯来书七章26节）。

耶稣因为无罪，所以能够胜过魔鬼，而且可以赎回全人类。祂的"无罪"也通过了许多神迹奇事证明出来。耶稣能赶出附在人身上的鬼，能使瞎子、聋子、瘫子等残疾的人恢复正常，甚至能用话语斥责大风浪。"耶稣醒了，斥责风，向海说：'住了吧，静了吧'风就止住，大大地平静了。"（马可福音四章39节）

第四、要有牺牲的爱

有资格赎地的至近亲属，若对穷困而卖地的人没有爱，即使再有钱也不会愿意赎回那土地。同样的，赎回者必须爱罪人，愿意为了他们牺牲自己，这才能解决罪的问题。

路得记四章1至6节，波阿斯对拿俄米的一位近亲说，拿俄米无力赎回出售的土地，应当由你来赎回。可是，那位近亲回答："这样我就不能赎了，恐怕于我的产业有碍。你可以赎我所当赎的，我不能赎了。"（6节）虽然拿俄米的那位近亲有财力，但因为没有爱心，不肯替拿俄米赎回土地，结果是由有财力又有爱心的波阿斯替拿俄米赎回了土地。

由于波阿斯对拿俄米有爱，所以替她赎回了土地，并与路得结婚。波阿斯与路得所生的孩子便是大卫的祖先。他是大卫王的曾祖父，是耶稣基督家族的先人。

耶稣拥有牺牲的爱；祂就是道，道成肉身来到世界上；祂因圣灵感孕而生，并不是亚当的后裔，祂出生时没有原罪。

因为无罪，所以有条件能赎回所有的罪人。但若是没有属灵的爱，即使具备前三项赎回者的条件，仍然无法成为救赎者。然而，祂因为爱人，甘愿承受罪人所应受的刑罚，所以可以赎回所有的罪人。

祂被视为一个极大的罪人，接受人世间最残酷的刑罚——被钉在十字架上，还受尽种种嘲笑与侮辱，最后死亡的一刻流尽了身上的血与水。祂付出极大代价与牺牲的爱，为的就是赎回世上的罪人。

一个清白无辜的王子甘愿替百姓死的例子，历史上全然找不着，更何况耶稣是人间国王无法相比、全知全能神的独生爱子。从耶稣在十字架上为了人类流尽血与水而死，可知神的爱是何等长阔高深！

事实上，耶稣的一生只做善事，祂饶恕罪人，医治各种疾病，释放被魔鬼捆绑的人，为人们带来平安、喜乐与进入天国的美好盼望。然而，最后祂却为了罪人牺牲生命。

罗马书五章7至8节："为义人死，是少有的，为仁人死，或者有敢做的。惟有基督在我们还作罪人的时候为我们死，神的爱就在此向我们显明了。"神赐下独生爱子耶稣替我们死，显出对人类无比深切的爱。

因此，盼望人人了解，除了耶稣以外，无人能担当为人类赎罪的重任。

第五章 为什么耶稣是唯一的救主？

1、通过耶稣基督得救的道理

2、为什么耶稣被挂在木头十字架上？

3、世上除了"耶稣基督"别无他名

使徒行传四章11-12节

他是你们匠人所弃的石头,

已成了房角的头块石头。

除他以外,别无拯救。

因为在天下人间,没有赐下别的名,

我们可以靠着得救。

若深刻了解神耕作人类以及耶稣基督救赎的旨意，必会尽心尽力地爱神，敬畏神。

前面提过，万世以前所隐藏"救赎的旨意"如何通过耶稣基督实现，根据属灵法则，公义的神已经预备符合条件的救主。

使徒行传四章12节："除他以外，别无拯救。因为在天下人间，没有赐下别的名，我们可以靠着得救。"任何人只要接受并相信耶稣基督，罪就得以赦免，遵行祂的旨意就可以得救。并能走出黑暗，进入光明，得享神儿女的权柄，以及一切的祝福。

为何唯有相信被钉在十字架上的耶稣，才可得救蒙福呢？

1、通过耶稣基督得救的道理

神在万世以前就预备了救赎之路，且早已透过创世记预言耶稣基督的出现和通过十字架救赎人类的旨意。

创世记三章14至15节：

耶和华神对蛇说："你既作了这事，就必受咒诅，比一切的牲畜野兽更甚。你必用肚子行走，终生吃土。我又要叫你和女人彼此为仇；你的后裔和女人的后裔也彼此为仇。女人的后裔要伤你的头，你要伤他的脚跟。"

如前所述,"蛇"指的是魔鬼撒但;"吃土"代表魔鬼撒但支配地上以土所造的人;"女人"指的是以色列,而"女人的后裔"指的是耶稣基督;"你要伤他的脚跟"指的是耶稣将被钉在十字架上,而"女人的后裔要伤你的头"指的是耶稣基督将通过死里复活,胜过魔鬼撒但。

魔鬼撒但无法了解神的计划

神隐藏了救赎人类的计划,因此撒但无法得知神智慧的安排。

撒但试着要在被毁灭之前杀了女人的后裔,永远掌握从亚当那里得来的权柄,然而它并不知道女人的后裔是谁,所以在旧约时代,总设法杀害神所爱的先知们。

当摩西出生时,撒但使埃及法老王杀掉所有从希伯来女人所生的男孩(参考出埃及记一章15-22节)。当耶稣道成肉身来到世上时,它也想借着希律王杀了祂。希律觉得如果不杀那称作犹太人之王的婴孩,自己的王位会受到威胁,便下令将犹太伯利恒以及其所辖境内的两岁以里的男婴全部杀尽。

然而,神早已知道魔鬼撒但的计划。有一位神的使者在约瑟的梦中显现,并要他尽快带着小孩与母亲前往埃及避难。神保守这一家人活着,直到希律王死去。

耶稣被钉十字架是神所允许的

在神保守下长大的耶稣,三十岁开始周游各地传道。祂在加利利时曾在会堂里讲道,并医治百姓各样病症,使死人复活,向穷人传福音(参考马太福音十一章5节)。

于是,撒但再次设想,计划借大祭司长、文士和法利赛人来加害祂。然而,在圣经中看到即使恶人也不能伤害耶稣,因为所有的事情都是在神的旨意中进行。神允许魔鬼撒但在耶稣传道三年后将祂钉上十字架,祂头戴荆棘冠冕,双手双脚被钉在十字架上,受尽痛苦,流尽宝血而死。

把人钉死在十字架上,是最残酷的刑罚。撒但以如此残酷的手法杀害耶稣后,非常得意,以为永远作王、掌控世界而高唱胜利凯歌。然而,这里却隐藏着神奥秘的智慧。

魔鬼撒但违反了属灵的法则

神是公义的,所以不会运用绝对主权而违反属灵法则。在万世以前,祂为人类预备救赎的道路,完全都遵照属灵法则。

依据属灵的法则:罪的工价乃是死(参考罗马书六章23节),任何人若没有罪就不会死。然而,撒但将无罪的耶稣钉死在十字架上(参考彼得前书二章22-23节),反而因自己的诡计失去权势,成就了神所计划的救赎大功。这就是创世记所记载的"女人的后裔要伤你的头"的意思。

通常蛇的尾巴被切断后还是可以对抗敌人,但若头被抓住就无法反抗。所以,"我又要叫你和女人彼此为仇;你的后裔和女人的后裔也彼此为仇。女人的后裔要伤你的头,你要伤祂的脚跟。"

为什么耶稣是唯一的救主?

有属灵的意义，是指撒但将会因耶稣基督而失去权柄。蛇要伤祂的脚跟，指的是撒但会把耶稣钉在十字架上，一切都成就了。

通过耶稣被钉在十字架上的救赎

神的救赎之路，在耶稣死后第三天复活中得以完全打开。

约六千年前，亚当因不顺服，把权柄交给了魔鬼撒但（参考路加福音四章6节）。然而过了四千年后，撒但因违背了属灵的法则，必须走向灭亡之路。

所以只要接受耶稣成为救主，就能得着自由及神所赐的权柄，成为神的儿女，撒但无法夺走。倘若撒但知道神的计划，当然不会将耶稣钉死在十字架上。哥林多前书二章8节："这智慧，世上有权有位的人没有一个知道的；他们若知道，就不把荣耀的主钉在十字架上了。"

至今，仍有人提出："全能的神为什么要让儿子死在十字架上？"只要正确了解十字架的旨意，就能明白耶稣受难的理由、耶稣怎样打破魔鬼的死亡权势，成为万王之王，万主之主等神的旨意和计划。

因而，任何人只要相信"耶稣基督是救主，祂于死后第三天从死里复活，救赎所有的罪人"，神便视为义人，并且引导走向得救之路。

2、为什么耶稣被挂在木头十字架上？

符合土地赎回法条件的耶稣，为何被挂在木十字架，代赎全人类的罪呢？

在众多死刑中，为何耶稣是流血舍命在木头十字架上？这里有着属灵的意义。神的慈爱与恩典在此显明，我们应当感恩。

根据加拉太书三章13至14节，有三个属灵法则可以解释：

第一、为了将人类从律法的咒诅中拯救出来

加拉太书三章13节："基督既为我们受了咒诅，就赎出我们脱离律法的咒诅，因为经上记着'凡挂在木头上都是被咒诅的。'"意思就是说：耶稣通过挂在木头上的法则，救赎我们。

由于人类祖先亚当的不顺服，使所有后裔都成了罪人，受到咒诅，并且走向死亡之路。罗马书六章23节："罪的工价乃是死。"于是所有的人都处在律法的咒诅之下。然而，神赐下祂的独生爱子耶稣，并依据属灵法则让祂被挂在木头十字架上，来救赎人类（参考申命记二十一章23节）。

耶稣为了拯救人类脱离律法的咒诅，替人类受了咒诅，被挂在木十字架上流尽宝血，由此从律法的咒诅中得赎，并得到神儿女之权柄的道路向人类敞开。

利未记十七章11至14节：

因为活物的生命是在血中，我把这血赐给你们，可以在坛上为你们的生命赎罪。因血里有生命，所以能赎罪。"（11节）

……因为一切活物的血就是它的生命。……（14节）

意思是：所有的活物都需要血才能活着，若没有血就不能存活。

然而人一旦死去，肉体就会归回尘土，没有得到属灵生命的罪人必然要落入地狱。为了要进入永生，罪必须先得赦免；而为了要让罪得赦免，就必须流血。希伯来书九章22节："按着律法，凡物差不多都是用血洁净的，若不流血，罪就不得赦免了。"因此旧约时代，人若犯了罪，就以动物的血献祭。然而，既无原罪也无自犯罪的耶稣，为了让全人类的罪能够得着赦免，获得重生，并走向永生之路，便一次舍命，流尽了圣洁的宝血。

因着耶稣所流的宝血，我们可以得到永远的生命。也就是耶稣的死，为人类开启一条又新又活的道路。从此我们就不必再宰杀牲畜献祭，而只要信耶稣基督，便能罪得赦免，进入永生。

第二、为使亚伯拉罕的福临到外邦人

加拉太书三章14节："这便叫亚伯拉罕的福，因基督耶稣可以临到外邦人。"含义是：神赐给亚伯拉罕的福，不但临到以色列的百姓，也扩及承认耶稣是救主、因信称义的所有外邦人。

亚伯拉罕被称为"信心之父"及"神的朋友"，他不仅得了属灵的祝福，也得了子孙、健康、长寿、财富等肉体的祝福，可谓饱享一切地上的美福。创世纪二十二章16节至18节，对亚伯拉罕得到的祝福及其原因，记载如下：

"耶和华说：'你既行了这事，不留下你的儿子，就是你独生的儿子，我便指着自己起誓说：论福，我必赐大福给你；论子孙，我必叫你的子孙多起来，如同天上的星，海边的沙。你子孙必得着仇敌的城门，并且地上万国都必因你的后裔得福，因为你听从了我的话。'"

当神告诉亚伯拉罕说："你要离开本地、本族、父家，往我所要指示你的地去"的时候（创世记十二章1节），他便毫不犹豫地凭着信心遵从神的指示。当神又说："你带着你的儿子，就是你独生的儿子，你所爱的以撒，往摩利亚地去，在我所要指示你的山上，把他献为燔祭。"（创世记二十二章2节）因为他确信神能叫人从死里复活（参考希伯来书十一章19节），他便甘心顺从。亚伯拉罕具有坚定信仰，所以得到神的厚爱与祝福，并成为信心之父，万福的根源。

因此，接受耶稣成为救主的神国儿女，应当拥有亚伯拉罕的信心，享尽神在这地上为人所预备的一切祝福，过荣耀神的生活。

第三、为使我们因信得着所应许的圣灵

加拉太书三章14节写着："使我们因信得着所应许的圣灵。"说明了只要接受被钉在十字架上的耶稣为救主,就能从律法的咒诅中解脱,而且得到所应许的圣灵(参考约翰福音一章12节;罗马书八章16节)。

当人接待耶稣基督为救主,得到神儿女的权柄,就能领受圣灵(参考约翰福音一章12节、罗马书八章16节),从此可以称神为"阿爸,父!"(参考罗马书八章15节),他的名字将被记载在天国生命册上(参考路加福音十章20节),成为天上的国民(参考腓立比书三章20节)。圣灵是神的心,也是神的能力。这位圣灵内住我们心里,使我们醒悟神真理的话语,领受属天的信心,走向永生。

罗马书十章9节:"你若口里认耶稣为主,心里信神叫他从死里复活,就必得救。"万世以前,神早已预定好计划,使每一个接受耶稣基督为救主的人都能与神同在,得着救赎恩典。这计划奇妙无比!人类因祖先亚当的罪走向死亡之路,印证"罪的工价乃是死"。然而,魔鬼撒但违背了属灵法则,而让人可以从这个法则的咒诅里得到救赎与自由。

因悖逆神,成为罪之奴仆的人,要经受仇敌魔鬼所带来的百般的苦痛,以至死亡;但因着信领受圣灵的人,则能得到救恩、永生、复活与祝福。

神儿女的权柄与祝福

任何人只要打开心门接受耶稣基督,罪就得赦免,有权柄成为神的儿女。这一切是通过耶稣在十字架上的牺牲,解决了所有罪的问题，人才有的权柄。诗篇一百零三篇12节："东离西有多远，他叫我们的过犯离我们也有多远。"希伯来书十章17至18节：" '我不再记念他们的罪愆和他们的过犯。'这些罪过既已赦免，就不用再为罪献祭了。"

世上没有任何事物可与神赐予祂儿女的权柄相比。国王或总统儿女的权力或许很大，然而仍无法与掌管宇宙万物、人类历史的创造主所赐的权柄相提并论。

然而，茫然地相信"耶稣是我们的救主"，这不能算是真信心，应当明白耶稣基督是谁，祂为何是人类唯一的救主，并心里相信，才能拥有真正的信心。

一个人若真正明白神在十字架背后所隐藏的旨意，并承认"你是基督，是永生神的儿子"，必然遵行主道，活在神的旨意里。若没有领悟这些道理，则会单单在知识上认识耶稣基督，无法拥有"心里相信"的真信心，从而不遵行神的话语。就如耶稣在马太福音七章21节说："凡称呼我'主啊，主啊'的人不能都进天国，惟独遵行我天父旨意的人才能进去。"耶稣明确指出，只喊"主啊，主啊"的人并不能得救，得救的人必须是按神旨意生活的人。

3、世上除了"耶稣基督"别无他名

使徒行传第四章记载：彼得和约翰在大祭司和长老们面前放胆宣扬耶稣基督的福音。大胆地宣告："除他以外，别无拯救。因为在

天下人间,没有赐下别的名,我们可以靠着得救。"(12节)

在世界上足以成为救主的,除了耶稣基督外,再也没有别的名字了。究竟全人类的救主——"耶稣"的名字,含有什么属灵意义呢?

"耶稣"与"耶稣基督"的不同

使徒行传十六章31节:"当信主耶稣,你和你一家都必得救。"在这里为什么称"主耶稣"而不单称"耶稣"呢?

"耶稣"是个人的名号,是指将自己的百姓从罪恶里救出来。"基督"原为希腊文,在希伯来文称作"弥赛亚",意思是"受膏者"(参考使徒行传四章27节),指的是救主——神与人之间的中保。这表示:"耶稣"是将要作救主的名字;"基督"则是已成就救赎旨意的救主名字。

旧约时代,神拣选君王或先知、祭司时,会把膏油倒在被拣选者的头上(参考利未记四章3节;撒母耳记上十章1节;列王纪上十九章16节)。膏油指的是"圣灵"。所以往头上倒膏油,象征神将圣灵赐予所拣选的人(参考撒母耳记上16章13节)。

耶稣在万世之前就被神授予君王、祭司、先知等职分,祂以神独生爱子的身份,道成肉身来到世间,为要拯救世人。祂是那位完成神救赎旨意的救主,代表着祂是基督。

耶稣顺服神万世之前所定的拯救人类的计划和旨意,带着犹太人的王、祭司、先知的头衔,并以神儿子的身份,因圣灵感孕,降世为人。

祂为代赎我们的罪，被钉死在十字架，第三天打破死亡权势，从死里复活，成为我们的救主，即基督、成就神救赎旨意者。

耶稣在被钉十字架之前，人们只称祂"耶稣"。然而，在祂被钉十字架从死里复活之后，祂就被称为"耶稣基督"、"主耶稣"或"主"。

我们应当知道：我们奉"耶稣"的名祷告，和奉"耶稣基督"的名祷告，两者在能力和各方面有很大的差别。

"耶稣"是祂尚未完成救赎旨意时的名字，"耶稣基督"则不同，这里面有三种含意：宝血可以救赎全人类的罪、有从死里复活胜过死亡的权柄、还内含永生。所以在"耶稣基督"的圣名面前，魔鬼撒但非常惧怕！

许多人忽视这两者之间的差别。然而，神的作工与回应会因人们是奉"耶稣"或者"耶稣基督"之名祷告，而有截然不同的结果（参考使徒行传三章6节）。

耶稣的完全顺服

耶稣本有神的形像不以自己与神同等为强夺的，反倒虚己取了奴仆的形像，成为人的样式。

一个好仆人没有自己的意志与想法，完全以主人的心意为依归，这便是奴仆的本分。耶稣以好仆人的心来顺服神的旨意，完成了救赎人类的使命。

为什么耶稣是唯一的救主？

因为耶稣顺服神，只说"是的"与"阿们"，神就将耶稣升为至高，使人们称祂为主。

"所以，神将他升为至高，又赐给他那超乎万名之上的名，叫一切在天上的、地上的和地底下的，因耶稣的名无不屈膝，无不口称耶稣基督为主，使荣耀归与父神。"（腓立比书二章9-11节）

主耶稣证明了神的能力

约翰福音一章3节："万物是藉着他造的，凡被造的，没有一样不是藉着他造的。"因为天下万物都是通过耶稣所造的，所以祂是造物主，具有掌管万物的权柄。当神的独生子耶稣命令时，狂风巨浪也得立刻平息；祂咒诅无花果树，无花果树便立即枯萎。

耶稣具有赦罪的权柄，能使罪人免于刑罚。马太福音九章2节："有人用褥子抬着一个瘫子到耶稣跟前。耶稣见他们的信心，就对瘫子说：'小子，放心吧！你的罪赦了。'" 第6节并说："但要叫你们知道，人子在地上有赦罪的权柄……"

耶稣有治愈各样病症的权能，甚至能叫死人复活。约翰福音十一章里记载有位叫拉撒路的人，已经在坟墓里四天，耶稣大声叫说："拉撒路出来！"那个死人就出来了，手脚还裹着尸布，脸上也包着手巾。就是已经死了四天，开始腐蚀发臭的尸体，瞬间复活，从坟墓里走了出来。

神具有这般惊人的权能，所以只要我们凭着信心向神求，凡所求的都能从神得着。

耶稣基督是神的爱

约翰一书四章10节："不是我们爱神，乃是神爱我们，差他的儿子为我们的罪作了挽回祭，这就是爱了。"正如这段经文所描述的，当我们还是罪人的时候，神赐下独生爱子成为挽回祭；当儿子耶稣被钉在十字架上并流出宝血时，祂忍受着极大的痛苦，因此开启了人类的救赎道路。

神就是爱，当祂看到自己的独生子无辜在十字架上被处死的时候，该多么心痛和悲伤，圣经是其佐证。马太福音二十七章51节至54节：

"忽然，殿里的幔子从上到下裂为两半，地也震动，磐石也崩裂，坟墓也开了，已睡圣徒的身体多有起来的。到耶稣复活以后，他们从坟墓里出来，进了圣城，向许多人显现。百夫长和一同看守耶稣的人看见地震并所经历的事，就极其害怕，说'这真是神的儿子了！'"

这清楚显示：耶稣被钉在十字架上，并不是因为祂的罪，而是神要使人得到救赎，是神慈爱的彰显。然而，许多人还是无法了解这测不透的神的大爱。

因亚当的不顺服，人有罪性，不能与神同在。然而，耶稣来到世上，成为神与人之间的中保，带给人类"以马内利"的祝福（神与我们同在，参考马太福音一章23节）。通过耶稣在十字架上所受的痛苦，可以拥有真平安。

盼望众人了解神伟大的爱，耶稣无罪，仍然替人的罪被钉死在十字架上，为全人类开启了救赎之路。

第六章　十字架的旨意

1、诞生在马棚，躺卧马槽里

2、耶稣贫穷的一生

3、受到鞭打与流血

4、头戴荆棘冠冕

5、耶稣的外衣与里衣

6、双手与双脚被钉

7、耶稣的腿未被折断，但肋旁被刺破

以赛亚书五十三章4-6节

他诚然担当我们的忧患,背负我们的痛苦;
我们却以为他受责罚,被神击打苦待了。
哪知他为我们的过犯受害,为我们的罪孽压伤。
因他受的刑罚,我们得平安;
因他受的鞭伤,我们得医治。
我们都如羊走迷,各人偏行己路,
耶和华使我们众人的罪孽都归在他身上。

在神得着真正儿女的计划里,借着耶稣道成肉身来到世上,受尽痛苦,并死在十字架上,完成了对全人类的救赎。

神的十字架有着极深奥的属灵意义。神的独生爱子耶稣舍弃了天上荣耀,降生在马棚里,一生穷苦。祂受鞭刑、手脚被钉在十字架上、头戴荆棘冠冕、肋旁被兵丁的枪刺流出血与水,这些痛苦里隐含了神伟大的爱。

明白十字架与耶稣受苦的意义,就能对神的慈爱感激不尽,并得着真正的信心;从神那里可以得到贫穷与疾病这些问题的答案,最后再进入永生的国度。

1、诞生在马棚,躺卧马槽里

耶稣本有神的形像,也是宇宙万物的掌管者;至高、至尊、至荣者。但为了救赎人类,道成肉身来到世间。

全知全能神足有能力使自己的独生爱子诞生在豪华、舒适的地方。但耶稣却降生在马棚,并躺卧在马槽里,其中深含有属灵意义。

其实,耶稣的出生充满了神子的尊贵和荣耀。耶稣降生时,神以人们肉眼看不到的荣光包围祂,且有天使天军围绕身旁,可见神非常喜悦祂的爱子。在路加福音二章14节:"在至高之处荣耀归与神,在地上平安归与他所喜悦的人。"神还预备好牧羊人与东方博士来朝拜婴儿耶稣。

耶稣来到世间，要为人类开启救赎之门，借着祂进入天国，成为神的儿女，耶稣也成了万王之王、万主之主。

隐藏于耶稣降生中的旨意

耶稣降生时，罗马皇帝凯撒亚古士督为了调查人口，下令各地都要进行户口登记，连罗马统治下的犹太人也都要配合，返乡登记户口。

大卫的后裔约瑟为了完成登记户口的手续，就和未婚妻马利亚一起前往伯利恒。当时马利亚已从圣灵怀孕，后来在伯利恒生下耶稣。

"伯利恒"是丰沃之地的意思，是大卫王的出生地（参考撒母耳记上十六章1节）。弥迦书五章2节："伯利恒的以法他啊，你在犹大诸城中为小。将来必有一位从你那里出来，在以色列中为我作掌权的，他的根源从亘古、从太初就有。"这里预言了伯利恒将是弥赛亚救主的降生地。

当时大批民众返乡，因此旅店都客满。在走投无路的窘境下，约瑟只好让快要临盆的马利亚在马棚里将婴孩生下，并把婴儿用襁褓裹着，放在马槽里。

救赎全人类的耶稣，却诞生在卑贱的马槽里，这都是为了救赎满身污秽的人类。

传道书三章18节提到："神要试验他们，使他们觉得自己不过像兽一样。"人犯罪失去了神的形像以后，在神眼中成为不圣洁，如同没有灵的禽兽一般。

人类始祖亚当是按着神的形像所造，由神亲自教导真理，成为一个属灵的人。然而，亚当违背神的命令吃了分别善恶树的果子，造成灵的死亡，再也无法与神交通，且失去了掌管万物的权柄。受魔鬼撒但辖制的人类，其心渐渐被属魔鬼的非真理所沾染。

人们指着良心败坏的人说"人面兽心"，或"禽兽不如"。为了自身利益，在新闻里常听见欺骗邻居、客户、朋友，以及对家人的暴力事件，甚至拐卖人口、父母儿女之间彼此残杀等，不仅如此，世界处处泛滥战争与暴力，种族歧视等犯罪。人类的这些恶劣行径几乎和禽兽无异。那是因为人的灵死亡后，便由魂来掌控肉体。罪使人失去了神圣洁的形像，如同动物是由魂与体构成，类似兽的人既无法进入天国，也不能呼叫神为"阿爸，父"。

耶稣生在马槽里，就是为了救赎丧失人的本分、禽兽不如的人类。

耶稣是真正的灵粮

耶稣生在马槽，马槽是喂马粮草的容器，其意义就是要成为与兽无异之人的灵粮（参考约翰福音六章51节）。

这是神的旨意，为了要让人通过耶稣基督恢复神的形像，重拾人的本分，持定救恩，稳固根基。

而人的本分是什么呢？传道书十二章13至14节："这些事都已听见了，总意就是：敬畏神，谨守他的诫命，这是人所当尽的本分。因为人所作的事,连一切隐藏的事,无论是善是恶,神都必审问。"

"敬畏神"是什么意思?箴言八章13节:"敬畏耶和华在乎恨恶邪恶。"敬畏神就是不再接受邪恶,并除掉自己心里一切的恶,并与罪恶相争,直到流血的地步。这就如同学生努力读书,是为了得到美好的未来一样。

圣经里命令(诫命)可分为四类:"可行","不可行","遵守","离弃",都是神对祂的儿女们所定的旨意,一方面揭示神的儿女应当遵行"祷告"、"爱人"、"感谢"等事;另一方面,也告诫不要行"憎恨、奸淫、醉酒"等走向灭亡的事。

神要儿女们"守安息日为圣日"等诫命,为的是要叫儿女们得生命,并警戒我们除去"罪恶"、"贪心"等对我们有害的东西。敬畏神与遵守诫命,是人应尽的本分。在审判那日,对人所行的一切,纵使隐藏良久、或好或坏之事,神都必一一审问。因此,过着像兽一般的生活的人,终必受神的审判而落入地狱。

综上所述,耶稣为了代赎禽兽不如之人类的罪并成为其灵粮,降生在马棚里,躺卧在马槽里。

2、耶稣贫穷的一生

约翰福音三章35节:"父爱子,已将万有交在他手里。"歌罗西书一章16节:"因为万有都是靠祂造的,无论是天上的、地上的、能看见的、不能看见的,或是有位的、主治的、执政的、掌权的,一概都是借着他造的,又是为他造的。"简言之:耶稣基督是创造主的独生爱子,也是天地万物的掌管者。

与神为一体,拥有天国荣耀的耶稣,为何要以卑微的方式来到世上,过贫穷的生活呢?

为了将人类从贫穷中救赎出来

哥林多后书八章9节:"你们知道我们主耶稣基督的恩典:他本来富足,却为你们成了贫穷,叫你们因他的贫穷,可以成为富足。"这段经文显明了神伟大的爱与旨意。虽然耶稣是万王之王、万主之主,且是创造主的独生爱子,但祂舍弃了天上荣华,来到世上,过贫穷的生活,受人轻视与苦待。其目的就是要将人类从贫穷里救赎出来。

神创造的人类,原本不需劳苦,就可以享受富足的生活。然而人类的始祖亚当违背神,使人必须经历各种辛苦劳碌才得以糊口。

贫穷本身不是罪,因此耶稣不需要为人的贫穷流血赎罪。但因亚当对神的不顺服,使人受到了贫穷的咒诅,所以耶稣活在贫穷中,就是为了使人得富足。

有人说:耶稣一生贫穷指的是属灵上的贫穷。然而,耶稣由圣灵感孕,原与神为一体,在属灵上祂并不贫穷。

难道在祷告中祈求蒙物质祝福是错误吗?有人认为基督徒就应该活在贫穷中。然而,这绝非神的旨意。

圣经中可以看到许多祝福的话,如申命记二十八章2至6节:

"你若听从耶和华你神的话,这以下的福必追随你,临到你身上:你在城里必蒙福,在田间也必蒙福;你身所生的、地所产的、牲畜所下的,以及牛犊、羊羔,都必蒙福;你的筐子和你的抟面盆都必蒙福。你出也蒙福,入也蒙福。"

约翰三书2节:"亲爱的兄弟啊,我愿你凡事兴盛,身体健壮,正如你的灵魂兴盛一样。"其实,神所拣选的人如亚伯拉罕、以撒、雅各、约瑟、但以理等人,都过着富足的生活。

为了人类过富足的生活

在神的公义中,人种什么就收什么。如同父母只把最好的东西给儿女一般,活着的神也应允,无论祷告祈求什么,只要信是得着的,就必得着(参考马可福音十一章24节)。

若不祈求或没有信心,就得不到神的应允与祝福。因此,若想不种就有收成,这是轻慢神,也违背了属灵法则。

常有人以太贫穷为借口没有办法供给他人或奉献,但在圣经中可以发现许多极为贫穷的人,尽最大的心力去供给他人,并得到祝福。

列王纪上十七章记载:以色列遇到连续三年的大旱,而撒勒法的一个寡妇,把坛里仅有的一把面和瓶里仅剩的一点油献给了先知以利亚。她尽心侍奉神的仆人,使神喜悦,因而得到了祝福,也就是:"坛内的面必不减少,瓶里的油必不缺短,直到耶和华使雨降在地

上的日子。"（14节）

在耶稣传道的时候，一位贫穷的寡妇奉献两个小钱，却被耶稣称赞她的奉献比其他人都多。因为她已经奉献所拥有的一切，其他人只是奉献自己所有的一小部分而已（参考马可福音十二章42-44节）。

最重要的是："是否对神付出了所有"。神并不看人奉献了多少，而是视人对祂的爱与信心的程度赐下祝福。

3、受到鞭打与流血

在耶稣被钉十字架之前，罗马兵丁曾打祂耳光，往祂的脸上吐唾沫，百般愚弄、蔑视祂。不仅如此，还用尾梢钩着铅片的鞭子狠狠地鞭打耶稣。

罗马兵可说是当时世上最强悍、训练有素的士兵。当兵丁将耶稣的衣服脱下并鞭打祂时，那是何等的痛苦啊！他们鞭打耶稣直到皮开肉绽，骨头露出，血液四溅。成就了圣经旧约中以赛亚书的预言："人打我的背，我任他打"（以赛亚书五十章6节），耶稣毫不抵抗。

为了解决罪的问题，医治人类的疾病

以赛亚书五十三章解释了耶稣受苦难的缘由："那知他为我们的过犯受害、为我们的罪孽压伤.因他受的刑罚我们得平安.因他受的

鞭伤我们得医治。我们都如羊走迷、各人偏行己路.耶和华使我们众人的罪孽都归在他身上。"（以赛亚书五十三章5-6节）

耶稣遭受各种痛苦，都是因人类的过犯和罪孽。祂受鞭打的痛苦是为了赐给人平安，并让人从各种疾病中得到医治。

约翰福音第五章：耶稣为了一个病了三十八年的中风患者治病时，先赦免了他的罪，祂说："你已经痊愈了,不要再犯罪,恐怕你遭遇的更加利害。"（14节）

人若要从疾病中得到释放，须要有人解决罪的问题，然而若不流血，罪就无法得到赦免（参考利未记十七章11节）。

所以在旧约时代，每当有人犯罪时，祭司就必须宰杀用来做供物的牲畜，献上赎罪祭。如今就不必了，因为耶稣道成肉身来到世上，流出无罪、无瑕疵、无玷污的能力的宝血，祂的血已洗净了从前、现今，以及未来所有人类的罪。

为了担当人的软弱与疾病

马太福音八章17节："这是要应验先知以赛亚的话,说'他代替我们的软弱,担当我们的疾病。'"若知道耶稣为何受鞭打与流出宝血，并相信祂所做的，就不需要担当一切的软弱与疾病了。

彼得前书二章24节："因他受的鞭伤,你们便得了医治。"代表耶稣已为所有人赎了罪。

耶稣受鞭打流血，为人担当了软弱与疾病。然而，为何有人尽管相信这些事实，却还是遭受疾病与痛苦呢？

十字架之道

出埃及记十五章26节:"你若留意听耶和华——你神的话,又行我眼中看为正的事,留心听我的诫命,守我一切的律例,我就不将所加与埃及人的疾病加在你身上,因为我——耶和华是医治你的。"意思是说:若行神眼中看为正的事,就不会为疾病受苦,因为神用火焰般的眼目看顾保守你。

举例来说:有个小孩被邻居的孩子打了,哭着回家时,父母对此事的回应与态度会如何呢?

有些父母教孩子:"别人打你一下,你应当回他两下才对呀!"有些父母则会去找打他小孩的邻居理论一番。还有些父母什么都不做,只把难过、气愤忍下来。

然而,神说要以善胜恶,爱你的仇敌,并与他人和睦。"只是我告诉你们,不要与恶人作对。有人打你的右脸,连左脸也转过来由他打,"(马太福音五章39节)如此,人的义和神的义是截然不同的。

若行神眼中所看为义的事,守神的诫命就不是难事了。只要不断祷告,神会赐下恩典与能力,就可靠着圣灵的帮助,轻而易举地做到一切的事。

若离弃罪恶,行神眼中的义事,任何疾病都不会临到。即使疾病临到时,只要找出在神眼中不义之事,彻底悔改后,医治的神就会赦免所犯的罪,并完全地医治。

若口里告白说:我相信全知全能的神。但遇到问题,却还是依靠世界的方法,神绝不喜悦。因为这不是真正地信靠神的表现(参考历代志下十六章)。

4、头戴荆棘冠冕

冠冕本是国王尊贵的象征。耶稣是神的独生爱子，是万王之王、万主之主，理应戴金银宝石做的冠冕。

"用荆棘编作冠冕、戴在他头上、拿一根苇子放在他右手里．跪在他面前戏弄他说、恭喜犹太人的王阿。又吐唾沫在他脸上、拿苇子打他的头。"（马太福音二十七章29-30节）

荆棘上的尖刺扎进耶稣的额头，鲜血流淌到祂的脸上。神为何允许自己的独生爱子遭受如此大的痛苦呢？

第一、耶稣头戴荆棘冠冕，是为了要赦免我们意念上的罪。

神所造、可与神交通的人类，起初照着神的旨意思想并顺从，丝毫没有犯罪。但后来因入了蛇的迷惑，接受撒但的意念，才犯了罪。在此之前，他们并不想摘吃分别善恶树上的果子。

诱使亚当与夏娃犯罪的撒但，现今也继续不断地透过人的意念作工，诱导人类犯罪。

人的大脑有记忆的功能，自出生后，把所看、所听和所学的东西，都以自身的感觉存记在脑细胞中，此为"知识"。而所谓的"意念"，则是一种将记忆中的知识，经过魂的运作重新产生的一个过程。

人在不同的环境下成长，认识上的差异也有所不同。即使所看、所听和所学的都一样，但因个人所领受时的感觉不同，也会产生不一样的观点。

而神的话语往往与个人知识、经验相抵触。例如按人的常识，人若要"升高"，必须采取"踩人"的手段和方法才能达到；然而神的教导是，"自卑的，必升为高"（参考马太福音二十三章12节）。

恨仇敌，好像是理所当然的，但神说："要爱你们的仇敌"（参考马太福音五章44节）及"你的仇敌若饿了，就给他吃；若渴了，就给他喝。"（参考罗马书十二章20节）。

神的意念是属灵的，而人的意念是属肉体的。魔鬼撒但给人属肉体的意念，促使人毁谤神的工作，并拦阻人们建立对神的信心，使人走向属世的道路，因不断地犯罪，步入永远的毁灭。

马太福音十六章21节：耶稣告诉门徒，祂将会受许多的苦难，并且遇害，但第三日要复活。彼得听了，就拉着祂，劝说："主啊，万不可如此，这事必不临到你身上。"（22节）然而耶稣却对彼得说："撒但，退我后边去吧！你是绊我脚的，因为你不体贴神的意思，只体贴人的意思。"（23节）当耶稣说："撒但，退我后边去吧！"并非指彼得就是撒但，而是掌管彼得想法的撒但正借着彼得阻碍神的计划。

主耶稣按照神的旨意，为了救赎人类而背负十字架，可是彼得却因出于肉体的想法，企图阻碍神的计划。

使徒保罗在哥林多后书十章3至6节记载：

十字架的旨意

"因为我们虽然在血气中行事,却不凭着血气争战。我们争战的兵器,本不是属血气的,乃是在神面前有能力,可以攻破坚固的营垒,将各样的计谋,各样拦阻人认识神的那些自高之事一概攻破了,又将人所有的心意夺回,使他都顺服基督。并且我已经预备好了,等你们十分顺服的时候,要责罚那一切不顺服的人。"

人必须打破自己的想法与观念,否则就容易与神的工作相违。应将受迷惑的意念归顺基督,活在真理之中,好让自己成为一个属灵、有信心的人。

每当被责骂时,必须丢弃报复的想法,因为这是出于肉体的,违背真理。所以,连意念里的罪都要抛弃。

为了彻底解决意念上犯的罪,第一必须摒弃肉体的情欲、眼目的情欲与今生的骄傲。而这些都是属撒但的意念。

"肉体的情欲"指的是:人心里产生的想法,想违背神的旨意的欲望。加拉太书五章19节21节:

"情欲的事都是显而易见的,就如奸淫、污秽、邪荡、拜偶像、邪术、仇恨、争竞、忌恨、恼怒、结党、纷争、异端、嫉妒、醉酒、荒宴等类。"

神要人抛弃肉体的情欲。而这肉体的情欲就是人愿意行情欲之事的属性。

"眼目的情欲"是指一个人通过看或听所产生的欲望。当人们爱世界并寻求眼目的情欲时，就变得只有欲望可以满足。

自负的意念起因于追求世俗的生活，并从肉体与眼目的情欲中，得到快乐与满足，造成了"今生的骄傲"。

耶稣戴上了荆棘做的冠冕并流出宝血，为要救赎人脱离这些邪恶与不法的行为。只有耶稣那无瑕疵、无玷污的宝血，才能赎人类的罪，因此耶稣头戴荆棘冠冕，流出宝血，代赎了我们头脑里犯的一切罪。

第二、耶稣头戴荆棘冠冕，为要让人在天国里戴上更好的冠冕。

耶稣戴荆棘冠冕的另一个原因，是为让人得到更美好的冠冕。如同祂以自己的贫穷将人救赎出来，并赐予人们富足的生活一样。在天国里有无数的冠冕，已经准备好要赐给神的儿女，如同运动会中的得胜者，可以获得金、银、铜制成的奖牌一样。

哥林多前书九章25节："凡较力争胜的，诸事都有节制，他们不过是要得能坏的冠冕；我们却是要得不能坏的冠冕。"可见，天国里有不朽坏的冠冕。

就像给所有参赛的选手颁发参与奖一样，神预备了"不能坏的冠冕"，将赋予所有为离弃罪恶而努力的儿女们。"荣耀的冠冕"是预备给远离罪恶，活在神的话语中，并荣耀祂的儿女们（参考彼得前书五章4节）。"生命的冠冕"则是预备给以爱神为至上、至死忠心，并除净各样罪恶、成为圣洁的儿女们（参考雅各书一章12节；启示录二章10节）。

还有"公义的冠冕"是要赐给如同使徒保罗般，离弃各样的罪、全然圣洁，进而凡事得神的喜悦并照神的旨意，完成使命的人（参考提摩太后书四章8节）

不仅如此，启示录四章4节记载："宝座的周围又有二十四个座位，其上坐着二十四位长老，身穿白衣，头上戴着金冠冕。""金冠冕"是预备给进入新耶路撒冷，永远辅佐神的长老班次的人。

这里的"长老"并非指教会中的职分，而是神所认定的长老。他们不仅全然成圣，并有在神的全家尽忠、永不改变的纯金般的信心。

神按儿女离弃罪恶与完成使命的程度，分别赐予不同的冠冕。如果不为肉体安排，去放纵私欲，并做到"行事为人端正"（参考罗马书十三章13-14节）、"顺着圣灵而行"，灵魂兴盛（参考加拉太书五章16节），恪尽职守，到了天国后，就能得享极大的尊荣和美好的冠冕。

耶稣头戴荆棘冠冕，流出宝血，为的就是救赎人。在天国里，神按个人的信心与完成的使命的程度，赏赐冠冕，这是何等地荣耀啊！因此我们应当除去身体灵魂一切的污秽，以主的心为心，忠于主所托付的使命，在神的全家尽忠，将来在天国里，能够得到最好的冠冕。

5、耶稣的外衣与里衣

耶稣头戴荆棘冠冕，受鞭打，遍体鳞伤，血肉模糊，被押送到刑场——髑髅地。此时罗马兵丁把耶稣钉在十字架之后，把祂的外衣分为四份，并为里衣拈阄。

> 兵丁既然将耶稣钉在十字架上，就拿他的衣服分为四份，每兵一份；又拿他的里衣，这件里衣原来没有缝儿，是上下一片织成的。他们就彼此说："我们不要撕开，只要拈阄，看谁得着。"这要应验经上的话说："他们分了我的外衣，为我的里衣拈阄。"（约翰福音十九章23-24节）

为什么圣经如此详细的记载耶稣的外衣与里衣呢？这与公元70年以后的以色列历史，有属灵上的关联。

被脱去衣服，钉在十字架上

根据马太福音二十七章22至26节，未被以色列的百姓认出是弥赛亚的耶稣，受到种种戏弄和蔑视后，被本丢彼拉多宣判钉在十字架上。

彼拉多命令兵丁把写着"这是犹太人的王耶稣。"（37节）的牌子，挂在耶稣的十字架上方。

这块牌子是用希伯来文、拉丁文与希腊文三种文字写成。希伯来文是耶稣的祖先——犹太人的传统语言；拉丁文则是当时罗马帝国的官方语言，罗马是当时世界最强的国家；希腊文是当时强势文化的语言。因此，用这三种文字写成的牌子，预表了全世界都将认耶稣是犹太人的王，更是万王之王！

根据约翰福音十九章21至22节："犹太人的祭司长就对彼拉多说：'不要写"犹太人的王"，要写"他自己说我是犹太人的王"。'彼拉多说：'我所写的，我已经写上了。'"当以色列的祭司对牌子上的字有意见时，彼拉多并未因此就改写上面的字。意思是连彼拉多也承认耶稣是犹太人的王。

如同彼拉多承认耶稣是犹太人的王，耶稣也是神的独生爱子，是万王之王、万主之主。不过在众人面前，耶稣却被脱去里衣与外衣，钉在十字架上，忍受了人难以忍受的羞辱。

人活在罪恶的世界中，忘了所应尽的本分，神为了救赎人脱离各样的羞辱、污秽、罪恶、不法及不义，使万王之王——耶稣，被脱去里衣与外衣，在众人的面前受尽讥诮、凌辱，若了解其中属灵的含义，对神更会心存感激。

耶稣的外衣被分为四份

罗马兵丁将耶稣的衣服分成四份，并为里衣拈阄。按常理，祂的衣服应该不会很华丽、很昂贵。但为何兵丁要将祂的衣服分成四份呢？难道他们有先见之明，预知耶稣将会成为弥赛亚，想把衣服当作宝物传给后代吗？

诗篇二十二篇18节："他们分我的外衣，为我的里衣拈阄。"神为了成就这记载在旧约中的预言，因此允许罗马兵丁分了耶稣的衣服（参考约翰福音十九章24节）。

耶稣的衣服究竟有何属灵含义？为何要把衣服分为四份，一人一份？又为何不分里衣呢？为什么神早已预言了此事？

因耶稣是犹太人的王，"耶稣的衣服"指的是以色列国或犹太人民。当罗马兵丁将衣服分成四份，衣服就失去了原有的形状，这代表以色列将会被撕裂，同时也预表着国家虽亡，但以色列的名依然存在。圣经里记载耶稣衣服被分的事，就是代表以色列将要亡国，百姓四处逃散。而以色列的历史已印证了这项预言。

耶稣被钉在十字架不到四十年，一位罗马将军提多（Titus）攻陷耶路撒冷城。圣殿建筑物彻底被摧毁，没有一块石头留在石头上。以色列虽保存了国名，但国破家亡，百姓四处逃散，遭受迫害，甚至被屠杀。这也是犹太人现今仍散居各地的原因。

马太福音二十七章23节：当彼拉多向众人表示耶稣并没有犯任何罪时，邪恶的群众却极力地央求要把耶稣钉十字架。

> "彼拉多见说也无济于事，反要生乱，就拿水在众人面前洗手，说：'流这义人的血，罪不在我，你们承当吧'"众人都回答说："他的血归到我们和我们的子孙身上。"（24-25节）

令人惊讶的是，纵观以色列的历史，可发现许多以色列人与后代都以流血为代价，遭受报应。当以色列亡国时，有一百一十万犹太人被杀；此外，在第二次世界大战中，约有六百万犹太人遭到德国纳粹分子屠杀。电影"辛德勒的名单"真实描述了当时犹太民族的男女老少，光着身子惨遭杀害的情形。一般罪犯行刑时都能穿着洁净的衣服，但是犹太人被杀时，竟连遮身的衣物都没有。

犹太人不承认耶稣是弥赛亚，脱去祂的衣服，将祂钉在十字架上。当时他们说："祂的血归到我们和我们的子孙身上"。这句话，已应验在以色列人灾难重重的历史上。

耶稣的里衣原没有缝儿，是上下一片织成的

约翰福音十九章23节记载耶稣的里衣："这件里衣原来没有缝儿，是上下一片织成的。"这里"没有缝儿"，是指里衣不是用几块布连在一起缝制的。通常人们不会考究里衣要如何缝制，更不会考虑是从上而下或由下而上织成的。可是圣经却详细记录耶稣的里衣。

圣经记载"人类的始祖"是亚当，"信心之父"是亚伯拉罕，而"以色列的始祖"则是雅各。神教导我们以色列的始祖不是亚伯拉罕，而是雅各，这是因为以色列的十二个支派是由雅各的十二个儿子所形成的。因此以色列国的始祖是雅各，而信心的始祖是亚伯拉罕。

创世记三十五章10至11节，神祝福雅各说：

"你的名原是雅各，从今以后不要再叫雅各，要叫以色列。"
这样，他就改名叫以色列。神又对他说："我是全能的神，你

要生养众多,将来有一族和多国的民从你而生,又有君王从你而出。"

根据神在这话里的含义,雅各的十二个儿子形成了以色列的十二支派,而以色列民族的发展直到所罗门王的儿子罗波安时,才分为"北以色列"和"南犹大"。

后来,北国以色列与外邦人融合,而南犹大还是以单一民族存在。现今所谓的犹太人,就是当日南国犹大人的后裔。耶稣的里衣没有缝,是上下一片织成的,即表示以色列国从那时候起,将持续以单一民族存在,直到现今。

耶稣的里衣没有被分,而是被拈阄

在此,里衣象征人的内心。因为耶稣是以色列的王,祂的里衣就象征了以色列百姓的心。

以色列百姓只以信真神的亚伯拉罕为信心始祖,他们是神所拣选的民族。"里衣未被分"的含义是指:以色列国家与百姓即使被毁灭,以侍奉真神为至上的精神仍常存,没有被毁灭。

事实上,圣经早已预言外邦人不能消灭以色百姓敬拜真神的精神。由于他们有这不轻易改变的内心,神便拣选了以色列百姓为祂的子民,用来成就祂的国和祂的义。

直到如今,以色列百姓还是以不变的心遵行神的律法,因为他们传承忠贞不二的雅各的血统。以色列百姓最令世界震惊的是:经过长久流离失散,在公元一九四八年五月十四日独立了。独立后的以色列,在很短的时间内发展成"先进国家",再次向世界显示了以色列人的民族精神与优越性。

如同罗马兵丁不能瓜分耶稣的里衣。这里衣除了是无缝的之外,更是由上而下织成,象征外邦人不能毁灭以色列人敬拜真神的精神。雅各的后代——以色列百姓在流亡后,如今成为一个独立的国家,成就了神拣选子民的旨意。

圣经中对以色列末日的预言

神通过耶稣的外衣与里衣预言以色列的历史,同时也给了我们一个在末后世代的启示。

以西结书三十八章8至9节:

"过了多日,你必被差派。到末后之年,你必来到脱离刀剑从列国收回之地,到以色列常久荒凉的山上,但那从列国中招聚出来的必在其上安然居住。你和你的军队,并同着你许多国的民,必如暴风上来,如密云遮盖地面。"

"过了多日"指的是从耶稣来到世间,直到再来的这段期间;"末后之年"指的是主耶稣的再临临近的时期;"以色列山"指的是位于海拔七百九十公尺高原的耶路撒冷;到了末世将有很多百姓从各国聚集前来,指的是当主耶稣再临之前,散居于各地的以色列百姓将要再次聚集，建立国家。

如上述预言，以色列在西元七零年被罗马毁灭后，于一九四八年重新复国。独立时，以色列不过是一片荒凉之地，如今却已成为世界最先进的国家之一。

新约圣经里也有关于以色列独立的预言。

马太福音二十四章32至34节：

"你们可以从无花果树学个比方：当树枝发嫩长叶的时候，你们就知道夏天近了。这样，你们看见这一切的事，也该知道人子近了，正在门口了。我实在告诉你们，'这世代还没有过去，这些事都要成就。'"

这段话是门徒问到有关耶稣何时再临和世界末日的问题，耶稣所作出的答复。

在这里，"无花果树"象征以色列。当无花果树的叶子落下，冷风吹起时，就知道冬天快到了；同样地，看到无花果树发嫩长叶，就知道夏天将至。耶稣预言以色列被毁灭，经过长久的日子后会再次建国，而当以色列百姓再次聚集起来并建国时，主耶稣再临的日子就靠近了。

我们不知道耶稣说的"这世代"有多久，但确定祂所说的话一定会实现。当看到了以色列国重新建立，就可知主耶稣再来的日子近了。

末时的预兆

马太福音二十四章3节,对于门徒提出有关世界末日的预兆,耶稣作出了具体说明。只是,耶稣没有说出末日的确切日期,祂只说:"但那日子、那时辰,没有人知道,连天上的使者也不知道,子也不知道,惟独父知道。"(36节)

意思是说:作为披戴肉身,降世为人的人子,不知那再临的日子和时辰,而并不是说被钉十字架,复活,升天之后,作为三位一体之一的神,不知道自己再来的日子和时辰。

关于末时的预兆,耶稣警惕人说:"只因不法的事增多,许多人的爱心才渐渐冷淡了。惟有忍耐到底的,必然得救。"(马太福音二十四章12-13节)

如今不法的事越来越多,人的爱心也渐渐冷淡。耶稣说:"这天国的福音要传遍天下,对万民作见证,然后末期才来到。"(马太福音二十四章14节)福音也已经传到世界的尽头了。

我们生活在一个"地球村",世界各地因交通与媒体的发达,以及知识的发展,而进入一日生活圈。这种现象在但以理书十二章4节也预言了:"但以理啊,你要隐藏这话,封闭这书,直到末时。必有多人来往奔跑,知识就必增长。"通过各种媒体,福音向世界各地迅速传播。尽管有人尚未打开心门接受耶稣,尽管在极少数的地方福音还没能传播开来,但大致来说,已传遍了整个世界。

旧约圣经中的预言,在新约中大部分已经实现;新约的预言,到如今多数也已实现。整本圣经均受圣灵启示,至今尚未成就的只有耶稣基督的再临、七年大灾难、千年王国，以及白色大宝座的审判了。

6、双手与双脚被钉

"十字架刑罚"是当时罗马对杀人犯和叛逆者施行的最残酷刑法。将人的手和脚钉在木头十字架上，长时间受流血不止的痛苦，直到那人气绝。

耶稣是神的独生爱子，以圣洁之身来到世间，毫无过犯，为何还要受残酷十字架的刑罚，双手双脚被钉并流血呢？

双手双脚被钉在十字架的痛苦

无罪的耶稣，为了人类的罪承受铁钉刺穿手脚的痛苦，因身体的重量，在十字架上拉扯的缘故，手脚肌肉均被撕裂。

被处绞刑的死刑犯只是瞬间的痛苦；然而将手脚钉在十字架上，因身体被挂，导致脱水而精疲力竭，直到死去，那痛苦实在难以想像！

除此之外，在沙漠之地遭受强烈阳光灼烤，忍受因血腥聚集的各类蝇虫叮咬，以及邪恶百姓无情的嘲笑咒骂，有人甚至喊叫着："你如果是神的儿子，就从十字架上下来吧！"（参考马太福音二十七章39-43节）

耶稣在十字架上所受的刑罚是人所无法忍受的极大的痛苦。

然而，真正带给祂痛苦的，既不是肉体上的痛苦，也不是人们的嘲弄和蔑视。

耶稣既然明知因着自己的苦难，救赎之门将向全人类敞开，怎能因十字架的刑罚，感到痛苦呢！真正使祂痛苦的乃是那些不知道耶稣担当人类的咒诅，因心地顽恶，不接受耶稣的救赎，活在罪恶中，走向灭亡之路的可怜的众灵魂。

手与脚所犯的罪

透过人的意念进入的罪恶，一旦栽植在心里，其罪恶的心就会支配手与脚使人犯下罪行。结果照属灵的法则："罪的工价乃是死"，落入地狱，受永远的痛苦。因为灵魂是不灭的，所以未能得救的灵魂必然在不灭的地狱之火里永受痛苦，其痛苦之大无以形容。

所以耶稣说："倘若你一只脚叫你跌倒，就把它砍下来。你瘸腿进入永生，强如有两只脚被丢在地狱里。倘若你一只眼叫你跌倒，就去掉它。你只有一只眼进入神的国，强如有两只眼被丢在地狱里。"（马可福音九章45-47节）

人自出生后，有多少次用手脚犯罪呢？有些人因生气打人，有些人偷东西，有些人因为偷盗或赌博而家破人亡。人们用脚行暴力，去不该去的地方，犯罪作恶。偷东西也需要用脚走步，因此主耶稣说：若你的脚让你犯罪，就把它砍下来。你瘸腿进入永生，强如有两只脚被丢在地狱里。

还有，我们又用眼犯了多少罪呢？眼看美物，便起贪心；看了不该看的，便起淫念。因此耶稣才说：挖掉眼睛不犯罪进入天国，强如有眼睛进入地狱。

在旧约时代，若有人以眼睛犯罪，就须挖出双眼；若用手脚犯罪，就要斩断手脚；杀了人或通奸，就要被石头打死（参考申命记十九章19-21节）。

若耶稣基督没有在十字架上受难，现今神的儿女若用手脚犯罪，都应被斩断。耶稣的手脚被钉十架，流出宝血，是为了洗净我们用手脚所犯的一切罪，使我们不必为自己的罪而受苦，付上流血的代价。这爱何等伟大！

切记：人若要靠主的宝血罪得赦免，必须要行在光明中，诚心认罪，悔改归正（参考约翰一书一章7节）。

因此我们为了不再用手脚犯罪，首先要抵挡透过我们的意念渗透的罪恶，不把它栽植在心里，并靠着真理保守我们的心，常常靠主得胜。

7、耶稣的腿未被折断，但肋旁被刺破

耶稣钉死在十字架上的那天是星期五，也就是安息日的前一天。星期六那日是神圣的安息日，按着旧约律法，犹太人那天不能将耶稣的身体留在十字架上。

因此约翰福音十九章31节，犹太人请求本丢彼拉多派人打断十字架受刑人的腿，确定其无法逃亡，以便处理。

罗马兵丁得到本丢彼拉多的命令后，就将钉在耶稣两旁的两个强盗的腿都打断；但是兵丁因为已确知耶稣已经死去，就没有打断祂的腿。当时，受十字架之刑的人都是受咒诅的人，所以要打断腿，但是耶稣的腿却没有被打断，这里便隐含着神的旨意。

为何耶稣的腿没有被打断？

耶稣以无罪的圣洁之身，为了救赎受咒诅的人类而献身十字架上的。恶者没有把耶稣的腿打断，是因为耶稣不是为罪而死，乃是因神的旨意而死。

诗篇三十四篇20节："又保全他一身的骨头，连一根也不折断。"为了这句话，神保全了耶稣的腿。

民数记九章12节，神曾对以色列的百姓说：羊羔的肉可以吃，但是"羊羔的骨头一根也不可折断"。出埃及记十二章46节也记载着同样的话。

"羊羔"指的是为了救赎人类而将自己圣洁之身献为挽回祭的耶稣。正如神所言的"羊羔的骨头一根也不可折断"，耶稣的骨头连一根也没有被折断。

祂的肋旁被扎

约翰福音十九章33至34节：

"只是来到耶稣那里，见他已经死了，就不打断他的腿。惟有一个兵丁拿枪扎他的肋旁,随即有血和水流出来。"

罗马兵丁明知耶稣已经死去,为什么还用枪刺祂的肋旁,让祂流出血和水呢?其实这里正表明了人的恶。

耶稣本有神的形像,但不以自己与神同等,反倒虚己,取了奴仆的形像,成为人的样式。自己卑微,存心顺服以至于死,且死在十字架上。进一步为人类开启了得救之路(参考腓立比书二章6-8节)。

耶稣在世时,被掳的人得释放,使贫穷人过富足的生活,又为人医治各样病症。为要证明神话语的真实,拯救更多的灵魂,祂不得吃,不得睡,即使门徒早已休息,祂仍然独自一人上山祷告。

耶稣为拯救人类,只行了善事,然而很多犹太人仍对祂百般虐待和蔑视,以至把祂钉死在十字架上,这完全是出于人类的恶。特别是对已断气的耶稣,用枪刺祂肋旁的举动,更显示人心之恶。

虽然神早已洞察人类的恶心,但还是赐下自己的独生爱子,让祂死在十字架上为人类赎罪,显明了神对人类极大无比的慈爱。

从祂的肋旁流出血与水

耶稣身上流出的血和水,又预表着什么呢?以下分成三方面解释。

第一、证明耶稣道成肉身来到世间。约翰福音一章14节:"道成了肉身,住在我们中间,充充满满地有恩典有真理。"这句话的意思说:

神披戴肉身来到人间，而祂就是耶稣。

罪人如果见到神必死，所以神从未直接出现在人的面前，而是披戴肉身来到世间，以各种方式向人显明祂的存在。

圣经也表明，耶稣与人有着一样的性情。马可福音三章20节："耶稣进了一个屋子，众人又聚集，甚至他连饭也顾不得吃。"马太福音八章24节："海里忽然起了暴风，甚至船被波浪掩盖。耶稣却睡着了。"

有人或许会想，耶稣是神的儿子，怎会饥饿或痛苦呢？当耶稣降世为人后，成为和普通人一样的血肉之躯，所以饿了也要吃饭，累了也要睡觉，也和人一样对痛苦有感觉。

虽然耶稣是神的儿子，当枪刺祂，祂一样有血与水从肋旁流出来，这更证明了耶稣道成肉身来到世间。

第二、证明具有肉身的人，也可以像耶稣具有神的品性、圣洁和完全。神希望祂的儿女也能圣洁而完全，因而说："你们要圣洁，因为我是圣洁的。"（彼得前书一章16节）；"你们要完全，像你们的天父完全一样。"（马太福音五章48节）；神又曾说："因此，他已将又宝贵、又极大的应许赐给我们，叫我们既脱离世上从情欲来的败坏，就得与神的性情有分。"（彼得后书一章4节）；又劝勉人们："你们当以基督耶稣的心为心。"（腓立比书二章5节）

耶稣道成肉身来到世间，顺从神的旨意，全然成为奴仆的样式，完成了一切使命，战胜种种试探和患难，并遵行神的话，以爱完全了律法。

祂具有与人相同的性情，但祂承受了各种的痛苦，完全遵行神的旨意，不与任何人争执，直到死在十字架上时，仍然表现对人类无限的爱。

如何才能以耶稣基督的心为心，与神的性情有分呢？

首先应当离弃神所厌恶的，将肉体的邪情私欲同钉十字架，成为拥有属灵之爱的人，并火热地祷告。

因属肉体的爱只追求个人利益，时间一久终究冷淡，若以这样的爱彼此相待，就会产生许多痛苦。

神的爱是恒久忍耐、又有恩慈、不求自己的益处。属灵的爱是永不改变的，而且会一天天增长。当拥有属灵的爱，并借着祷告抛弃一切罪恶时，就能拥有神的性情了。

同样的，若能以禁食祷告寻求神的帮助，每个人都可得到神的恩典，神也会帮助我们彻底地离弃罪恶。若成就属灵的爱，结出圣灵的九种果子（参考加拉太书五章22-23节），成就八福（参考马太福音五章3-11节），模成基督的形像，我们在天国就会得享如日头一样发光的荣耀。

第三、耶稣流的血与水，有足够的能力带领我们走向真理与永生。耶稣既无原罪，也没有自犯罪，因此祂身上的血和水圣洁无瑕，这从属灵上来说，便具有能使生命复活的能力。耶稣虽然有肉身，但是祂身上的宝血和水，却与一般人的血和水完全不同，宝血和水可以用来洁净罪，让人得到真正的生命、救赎、复活和永生。

耶稣身上所流出的水就是指永生水，意味着神的话语，我们只有遵行神的话语，才能洗净身上的罪恶，成为神真正的儿女。

无瑕疵、无玷污的圣洁的耶稣为了救赎人类，甘愿遭受枪刺而流尽血和水。因着祂所流的宝血，我们的罪才得以赦免，并得着行道的能力，得到真生命。即使人类如同兽类一般，祂仍以牺牲的爱，使人可以获得真正的生命。

愿大家能因神的爱白白得到新生命，弃绝罪恶，单单遵行神的旨意，在耶稣基督里得享丰盛的生命。

第七章　十架七言

1、"父啊，赦免他们吧！"
2、"今日你要同我在乐园里了！"
3、"妇人，看，你的儿子！""看，你的母亲！"
4、"以利，以利！拉马撒巴各大尼？"
5、"我渴了！"
6、"成了！"
7、"父啊，我将我的灵魂交在你的手里！"

路加福音二十三章34，43-46节

当下耶稣说：

"父啊，赦免他们！

因为他们所做的，他们不晓得。"

……耶稣对他说：

"我实在告诉你：今日你要同我在乐园里了。"

那时约有午正，遍地都黑暗了，

直到申初，日头变黑了，

殿里的幔子从当中裂为两半。

耶稣大声喊着说：

"父啊，我将我的灵魂交在你手里！"

说了这话，气就断了。

大多数人临终时会回忆自己的一生,并对家属、朋友留下遗言。

同样地,祂在十字架上将自己从道成肉身来到人世,到按神的计划被钉十字架上受难所经历的一切事,用七句话来概括,向世人宣告,即为"十架七言"。

让我们来探讨耶稣如遗嘱般的十架七言。

1、"父啊,赦免他们吧!"

腓立比书对耶稣的记载如下:

"他本有神的形像,不以自己与神同等为强夺的,反倒虚己,取了奴仆的形像,成为人的样式。既有人的样子,就自己卑微,存心顺服,以至于死,且死在十字架上。"(腓立比书二章6-8节)

耶稣以爱与顺从的心,死在十字架上为人类开启了救赎之门。站在十字架下的百姓嗤笑:"他救了别人,他若是基督,神所拣选的,可以救自己吧"(参考路加福音二十三章35节)

罗马兵丁戏弄祂,拿醋给祂喝,说:"你若是犹太人的王,可以救自己吧!"连同钉十字架的两个犯人之一也讥笑说:"你不是基督吗?可以救自己和我们吧!"(参考路加福音二十三章39节)

到名叫"髑髅地"的地方,就在那里把耶稣钉在十字架上,又钉了两个犯人：一个在左边，一个在右边。当下耶稣说："父啊，赦免他们！因为他们所做的，他们不晓得。"（路加福音二十三章33-34节）

耶稣断气前曾向神祷告，求神赦免他们："父啊，赦免他们！因为他们所做的，他们不晓得。"耶稣祈求神赐下恩典，赦免那些无知的百姓，因为不知道祂被钉在十字架上是为了救赎人类，也不知道自己甚是罪恶。

耶稣用爱为钉祂十字架的人祷告

无罪的神子耶稣被钉上咒诅的象征——十字架，恳求神赦免将自己钉在十字架的人们，这爱何等长阔高深！耶稣是创造主、全知全能神的独生爱子，当然可以轻易地从十字架上下来。然而为了实现救赎的计划，祂心甘情愿接受十字架的刑罚，并且用爱为钉祂十字架的人祷告。

耶稣向神祷告："父啊，赦免他们！因为他们所做的，他们不晓得。"这句话中的"他们"不仅指将祂钉在十字架上嘲笑、戏弄祂的人，也包括不接受耶稣基督，仍在黑暗中过着罪恶生活的全人类。

就像当年因不认识耶稣基督救赎的大爱，把耶稣钉在十字架上的无知的人们一样，如今世上仍有许多人因无知而继续活在罪中。

仇敌魔鬼属于黑暗并憎恨光明，所以它将属真光的耶稣钉在十字架上。如今，魔鬼撒但依然借着属于黑暗的人，迫害行在光明中的人。

对这样的人们，我们应当怎样去对待呢？耶稣通过十字架上的第一句话，教导我们神的旨意和基督徒应有的态度。马太福音五章44节："只是我告诉你们，要爱你们的仇敌，为那逼迫你们的祷告。"意思是说，即使是面对迫害我们的人，只要是因不明白真理而犯罪，我们就应该宽恕，并以爱心祈祷，将他们引向得救之路。

2、"今日你要同我在乐园里了！"

耶稣被钉在髑髅地的十字架上时，另有两个强盗分别钉在不同的十字架上：一个在耶稣的左边；一个在右边（参考路加福音二十三章33节。）

其中一个强盗对耶稣嘲笑侮辱，另一个强盗却应声斥责他，又向耶稣表示了悔改之意，并接受耶稣。耶稣就对他说："今日你要同我在乐园里了。"这就是十架七言中的第二句。

那同钉的两个犯人，有一个讥诮他说："你不是基督吗？可以救自己和我们吧。"那一个就应声责备他说："你既是一样受刑的，还不怕神吗？我们是应该的，因我们所受的与我们所做的相称，但这个人没有做过一件不好的事。"就说："耶稣啊，你得国降临的时候，求你记念我！"耶稣对他说："我实在告诉你，今日你要同我在乐园里了。"（路加福音二十三章39-43节）

耶稣说：祂就是弥赛亚！无论何人，只要真心悔改，就可得救。

四福音书中，有关于耶稣两侧、被钉在十字架的两个强盗，记载有所不同。马太福音二十七章44节："那和他同钉的强盗也是这样地讥诮他。"马可福音十五章32节："'以色列的王基督，现在可以从十字架上下来，叫我们看见，就信了。'那和他同钉的人也是讥诮他。"在这两段话里记载着两个强盗都讥笑了耶稣。

可是在路加福音二十三章，其中的一个强盗斥责了另一个强盗，并悔改接受耶稣为救主而得救。这不是记录圣经者的失误，而是神刻意的安排。圣经是概括神旨意与大能的书，若是详细记载所有的内容，恐怕数千卷书也写不完。

现今科技发达，可用摄影机拍下一些重大事件，来了解实况。可是在耶稣时代，只能以文字记载。通过四福音书的不同记录，可以更加真实地了解当时耶稣被钉十字架的情况。

当耶稣为福音四处奔走时，许多人跟随祂。有人为了聆听生命的话语；有人为了目睹神迹奇事；有些则是为了得到食物；更有人变卖了家产来服侍祂。

路加福音九章12至17节记载耶稣曾以五饼二鱼喂饱五千余人。由此可知，耶稣被钉在十字架的当时，除了憎恨祂的人以外，还有许许多多爱祂和看热闹的旁观者聚在四周。另外，现场还有罗马兵丁手持枪和盾牌维持秩序，再拉远镜头还可以遥望距离十字架稍远之处，沸沸腾腾呈半圆形围着的人群。

此时在耶稣十字架的周围围着大祭司长、文士、以及许多群众,正在口吐恶言,咒骂耶稣。在这种嘈杂和喧嚷中,一边的强盗也在咒骂耶稣。

那么哪一边的人能清楚地听到其咒骂声呢?当然只有靠近强盗那边的人才能听得清楚。但这些群众又看到那对面的强盗,好像也是在面带怒气对朝着耶稣咒骂,但他其实是在斥责那咒骂耶稣的强盗。因此部分群众以为两个强盗都在咒骂耶稣。

在远处观看这场面,并未能听清另一边面强盗说话而记录的马太和马可福音中都写着两个强盗是在辱骂耶稣,而正确了解当时状况而记录的路加福音中,却写其中一个强盗不是在咒骂耶稣,而是向祂悔改,并得到救恩。因当时他们所站的位置和角度不同,所以传达给圣经记录者的情形也不尽相同。

全知的神为了后人分辨清楚当时的情形,便允许记录者在不同的角度上作了不同的记录。

总之,圣经是准确无误并一点一画都不会落空的、绝对真实可靠的神言,当明白一些地方呈现记录上的差异,并非因神无能,乃是其中蕴含着神奇妙的旨意。

悔改的强盗所进入的乐园

耶稣被钉在十字架时,对悔改的强盗说:"今日你要同我在乐园里了。"这句话有属灵的含义。

天国是神的国,是超乎人所能想像的地方。约翰福音十四章2节:"在我父的家里有许多住处;若是没有,我就早已告诉你们了。我去原是为你们预备地方去。"诗篇一百四十八篇4节："天上的天和天上的水，你们都要赞美他"尼希米记九章6节提到："你造了天和天上的天。"哥林多后书十二章2节，保罗提到："他前十四年被提到第三层天上去。"启示录二十一章2节则记载了神宝座所在的地点——新耶路撒冷城。

天国虽然宽广，却不能任人随心所欲，想住在哪里就住在哪里。神是公义的，要依据个人效法主而成圣的程度、成就神的国和神的义的程度，以及积攒奖赏在天上的程度安排适当的住所（参考马太福音十一章12节；启示录二十二章12节）。

约翰福音三章6节："从肉身生的，就是肉身；从灵生的，就是灵。"如此经文所述，如果在世的日子里，离弃"肉身"（即罪），靠圣灵生灵，成为属灵的人，将来到了天国要与属灵水准相等的人们，在同样等级的住处，永享尊荣。

天国是由神治理的国度，所以无论哪个地方都是美丽幸福，地上任何美景都无与伦比。就像我们国家有济州岛、郁陵岛等岛屿，有农村和中小城市，也有像首尔特别行政市一样的大型城市，而且各地方的生活水准都不尽相同。同样，天国有着不同的住处，其幸福和荣耀的程度也各不相同。

圣城新耶路撒冷是最荣耀、神宝座的所在之地，是这地上的皇宫或总统府的概念，也是效法基督、全然成圣的完全人居住之处。

悔改的强盗居住的乐园则位于天国边陲地带。在那里住着勉强得救的人，他们是心中接受耶稣基督，但还没有过信仰生活改变生命的人。

为何悔改的强盗可以居住在乐园呢？

那个强盗只不过按着属善的良心向耶稣认罪悔改，并接受耶稣为救主，仅仅得救。然而，他并没有按着神的话语而行、抛弃罪恶，也未曾向他人传过道，更没有侍奉过主，所以只能居住在没有任何奖赏的乐园里。

耶稣降至上阴间

即使耶稣对那强盗说："今日你要同我在乐园里了。"并不表示耶稣只住在乐园里。耶稣乃万王之王、万主之主，掌管整个神儿女所住的天国，包括乐园与新耶路撒冷城。这句话是表示祂住在乐园，也住在天国的其它地方。

另外，耶稣所说的"今日"并不是单指祂被钉十字架的那天，或确切指某一日。这句话是表明当那个强盗接受耶稣，成为神的儿女后，无论何时，耶稣都与他同在。

从圣经的记载来看，耶稣死后并没有往乐园去。马太福音十二章40节："约拿三日三夜在大鱼肚腹中，人子也要这样三日三夜在地里头。"以弗所书四章9节："既说升上，岂不是先降在地下吗？"

此外，彼得前书三章19节："他藉这灵曾去传道给那些在监狱里的灵听。"耶稣死后，下到上阴间，在那里向"监狱里的灵"传福音，第三天才复活。

在耶稣降世前的旧约时代和新约时代的人中，有人虽然没有接受福音，但从心里相信神的存在，并一生过良善的生活。那么是否代表他们因为不知道耶稣是谁，而必须落入地狱呢？

神差派祂的独生爱子来到世上，不是只为了拯救一部分人耕作人类的。

那些未曾听到福音，按着属善的良心，良善度日的人们，将依据神"良心审判"的标准，被判定得救与否，他们所聚集的地方叫做"上阴间"，而邪恶的灵魂存在的地方称为"下阴间"。耶稣被钉十字架后，到了上阴间传福音，救赎他们。

能够拯救人类的，除了"耶稣基督"的名以外，天底下没有其它的名字。于是耶稣到上阴间传扬福音，使那些灵魂也能接受耶稣并得到救赎。

圣经记载，在耶稣受十架之刑前，得救的灵魂被天使接去，是依偎在亚伯拉罕的怀里（参考路加福音十六章22节）；而耶稣复活后，得救的灵魂则是躺卧在耶稣的怀中。

按照良心审判的救赎

耶稣来降世之前，或福音尚未传开之前生活的善良人都将存在心里的"仁义之道"作为生活的准则，即良心之律和行为的准则。因此善良的人即使遇到再艰难困苦的环境，也会顺着"良心的律"，行善而不从恶。

罗马书一章20节："自从造天地以来，神的永能和神性是明明可知的，虽是眼不能见，但藉着所造之物就可以晓得，叫人无可推诿。"

看到宇宙万物的奇妙，善良人相信世间确实有造物主的存在。所以他们没有追求宴乐，放纵情欲，却因敬畏神，谨慎自守，虔诚度日。

罗马书二章14至15节："没有律法的外邦人若顺着本性行律法上的事，他们虽然没有律法，自己就是自己的律法。这是显出律法的功用刻在他们心里，他们是非之心同作见证，并且他们的思念互相较量，或以为是，或以为非。"

当初神只向以色列百姓显现并制定律法，外邦人是没有律法的。然而，即使是没有律法的外邦人，却以本性代替律法约束行为时，良心准则便起到了律法的作用。

当时的人由于没听过福音，并不知道耶稣基督是谁。在没有信耶稣基督而死去的人中，有些人因心灵洁净，不偏离正道，即使有恶念攻心，也能够顺着良善的心去克制它。这种人就可通过"良心审判"得救。

3、"妇人，看，你的儿子！""看，你的母亲！"

使徒约翰是耶稣身边的追随者，也是耶稣受十字架之刑的现场目击者。根据记载：当时站在耶稣跟前的，有耶稣的母亲马利亚、撒罗米、革罗罢的妻子马利亚、抹大拉的马利亚等人。约翰福音十九章26至27节，耶稣悲痛地望着童贞女马利亚说以后要把约翰当成自己的儿子。耶稣又嘱咐约翰要侍奉马利亚如同母亲一样：

耶稣见母亲和他所爱的那门徒站在旁边，就对他母亲说："母亲（原文作"妇人"），看，你的儿子！"又对那门徒说："看，你的母亲！"从此，那门徒就接她到自己家里去了。

耶稣为何称马利亚为"妇人"，而非"母亲"？

这里的"母亲"不是耶稣所说的，而是使徒约翰写的。查考圣经时，可以看到耶稣并不称马利亚为"母亲"。

另一处经文：约翰福音二章1至11节，耶稣所行的第一个神迹是将水变成葡萄酒，当时加利利的迦拿有一场婚宴，耶稣和祂的门徒也在赴宴之列。筵席上的葡萄酒用尽了，马利亚知道神的儿子——耶稣，能够使水变成葡萄酒，因此对耶稣说："他们没有酒了。"而耶稣回答说："妇人，我与你有什么相干？我的时候还没有到。"

马利亚看到酒席上的酒喝光了，为了让参加婚宴的人能尽兴，才说出了上述的话。可是耶稣认为，表明自己是弥赛亚身份的时候尚未到，所以才如此回答。而"水变葡萄酒"的属灵含义是指：耶稣将来要被钉在十字架上，流出宝血。刚刚开始福音圣工的耶稣，借此表明自己为拯救人类背负十字架，流血舍命的时期还没有到。

耶稣自降世直到钉在十字架上完成救赎人类的使命为止，始终称马利亚为"妇人"而非"母亲"，以此见证自己是为担当世人罪孽而降世为人类的救主。

此外，耶稣是三位一体真神中的一位，是创造主本身。创造主——神是自有永有的（参考出埃及记三章14节），也是首先的、末后的（参考启示录一章17节，二章8节），因此耶稣并没有母亲。所以祂称马利亚为"妇人"。

许多神的儿女视马利亚为"圣母"，或以她的雕像为崇拜对象，这是偏离真理的行为。其实，马利亚并非救主耶稣的母亲（参考出埃及记二十章4节）。

天国的子民

耶稣受十架之刑时，安慰悲痛的马利亚，又嘱咐所爱的使徒约翰，以后要对马利亚像亲生母亲一般。即使耶稣被钉在十字架上，受难以形容的痛苦，仍对自己死后的事作出安排，从中可以体会到祂深切的爱。

通过耶稣所讲的第三句话，马太福音十二章48至50节，耶稣说：

> "谁是我的母亲？谁是我的弟兄？"就伸手指着门徒说："看哪，我的母亲，我的弟兄。凡遵行我天父旨意的人，就是我的弟兄、姐妹和母亲了。"

当我们接受耶稣基督后，信心越发成长，对天国子民的归属感也随之加增，就会觉得和有血缘关系的弟兄姐妹相较，信仰关系上的弟兄姐妹反而更加亲密。倘若家人不是神的儿女，亲人关系会随着肉体死亡而终止，无法成为永远的家族。对于耶稣无信仰之心或者口头上说相信，行为却没有遵行神旨意的人，依照灵界的法则"罪的工价乃是死"，最后的结果只有进入地狱（参考马太福音七章21节）。

人有不灭的灵，当神将人的灵收回时，肉体就会随着死亡而腐朽。但"灵"是神最初用尘土造人时所吹入的生气，所以是永远不会灭亡的。不论"人的灵"或最终要归回尘土的"肉体"，都是神所给予的，祂才是真正的父。

马太福音二十三章9节："也不要称呼地上的人为父，因为只有一位是你们的父，就是在天上的父。"这句经文并非要疏离没有相信神的父母或弟兄姐妹。真正重要的是：要向他们传福音，使他们从心里接受耶稣基督为救主，成为我们属灵的家族。

4、"以利，以利！拉马撒巴各大尼？"

耶稣在巳初被钉在十字架上，从午正开始黑暗笼罩了整个大地，直到申初耶稣断气为止。按照现今的时间计算，上午九时（按韩国时间推算）耶稣被钉在十字架，过了三个小时后的正午12点，黑暗笼罩了整个大地，直到下午3点。

从午正到申初，遍地都黑暗了。约在申初，耶稣大声喊着说："以利，以利！拉马撒巴各大尼？"就是说："我的神，我的神

为什么离弃我？"（马太福音二十七章45-46节）

这是十架七言的第四句。

耶稣双手双脚被钉在十字架后，在沙漠地区灼热阳光照射下，整整痛苦了六个小时，流尽了血和水。然而，耶稣在如此虚脱无力的状态下，为何会喊出这句话呢？

其实耶稣在十字架上向全人类宣告的十架七言，句句都有深奥的属灵含义，若没有人听见，就没有意义了。人们听了这话，且正确地记录在圣经上，才能使神的旨意普世传扬。于是耶稣竭尽全力大声宣告十架七言。

有人误解这话，认为耶稣因为道成肉身的缘故，难以忍受十字架刑罚的痛苦而向神发怨言，但事实并非如此。

为何耶稣大喊"以利，以利！拉马撒巴各大尼？"

耶稣来到世上是为了要除灭魔鬼的作为，为人类开启得救之路。

因此，耶稣至死遵守神的旨意，全然牺牲了自己。在祂要上十字架之前，向神祷告极其恳切，甚至汗珠如大血点滴在地上（参考路加福音二十二章42-44节）。祂虽然早已知道自己将要遭受的十字架之刑是何等残忍和痛苦，但祂甘愿担当这一切。

再说受尽蔑视、凌辱、讥诮的祂，怎能在自己快要殒命的那个瞬间埋怨神呢？耶稣知道神的旨意，为了人类而承受各种羞辱和痛苦。祂的呼喊绝不是因为承受不了酷刑，或是对神的埋怨。那究竟为何呼喊那些话呢？

第一、耶稣要表明来到世上并受十字架之刑，是为替人类赎罪。

耶稣的呼喊是为了让人们了解，作为神的独生爱子，撇下了天上荣耀与权柄来到世间，此刻彻底被神抛弃的理由。祂愿为了替人类赎罪、拯救人类，才遭受十字架上的酷刑。圣经里，耶稣一向称神为"我父"，可是唯独在此时称神为"我的神"。这是因为耶稣受十架之刑，正在替罪人赎罪，罪人对神是不能称呼"父"的。

当时的耶稣正担当全人类的罪，暂时彻底被神抛弃，因而无法称神为"父"。同样地，相信神并爱神的人，就可称神为"阿爸，父"；犯罪而不信神的人则不能称神为"父"，只能称"神"。

同样，我们真正爱神并蒙神爱的时候，就能很自然地称神为"阿爸，父"。反之，犯了罪或因信心小的缘故，不与神亲近的时候，就难以称神为父，只能称神。

神希望所有的人都能接受耶稣基督，并因祂而罪得赦免，行在光中，成为称神为父的真儿女。

第二、耶稣想再次警惕那些不明白神旨意，并活在黑暗中的人。

神爱我们，甚至将自己的独生爱子差遣到这世界，使他受尽来自受造之人类的百般讥诮与蔑视，最终牺牲在十架上。耶稣明知神向自己彻底掩面的理由，但那些将耶稣钉上十字架上的人却一无所知,所以耶稣才恳切呼喊:"我的神,我的神!为什么离弃我?"好让那些不知神深切之爱的人能彻底悔改,而走向得救之路。

5、"我渴了!"

旧约圣经中记载耶稣将遭受十字架之刑的预言。诗篇六十九篇21节:"他们拿苦胆给我当食物;我渴了,他们拿醋给我喝。"正如预言里所说的,当被钉在十字架上的耶稣说"我渴了"的时候,人们用海绒蘸醋,绑在牛膝草上送到耶稣的口中。

"这事以后,耶稣知道各样的事已经成了,为要使经上的话应验,就说:'我渴了。'有一个器皿盛满了醋,放在那里,他们就拿海绒蘸满了醋,绑在牛膝草上,送到他口。"(约翰福音十九章28-29节)

旧约圣经中诗篇的记录者早在耶稣降生以前就受圣灵感动,看到耶稣被钉在十字架上的异象,记录下来。耶稣后来说出:"我渴了",是为了应验旧约圣经上的话。

一起来思想关于十架七言中的第五句话——"我渴了",具有的属灵含义。

耶稣宣告祂属灵上的"渴"

人能忍受饥饿，但无法忍受口渴。耶稣被钉在十字架上后，在灼热阳光的照射下又流出很多血，那种渴是我们无法想像的。

然而，耶稣并非忍受不了口渴才说"我渴了"。 祂知道再过不久就会回到神的平安里。

耶稣的渴，是出于属灵上的，而不是肉体上的干渴。祂说"我渴了"，事实上是对神儿女的一种恳切的呼喊："我因流血而口渴，请还回我流血的代价，为我解渴吧！"

从那以后，经过了两千年，耶稣仍对我们说"我渴了"。 祂渴是出于流血，而祂流血至死是为了替人类赎罪，并赐给人永生。

耶稣说祂渴了，是表明祂拯救迷失灵魂的意念。凡因着耶稣基督的宝血得到救恩的基督徒，理当要偿还耶稣流血代价。那就是将走向死亡的众灵魂，引入天国。

我们当常常感谢流血舍命拯救我们脱离死亡的主耶稣的宏恩，并以爱灵魂的心肠，殷勤祷告，传扬福音，解除耶稣的渴。

6、"成了！"

约翰福音十九章30节："耶稣尝了那醋，就说：'成了！'便低下头，将灵魂交付神了。"耶稣尝了含醋的牛膝草并不是为了解渴，乃是因为其中包含着属灵的意义。

这里的"醋"就是指陈年发酸的葡萄酒。耶稣尝了酸葡萄酒意味着祂用爱来完成旧约的律法，担当全人类的咒诅，替人类赎罪。旧约时代每当有人犯罪，就必须宰杀动物，用血来献祭。然而，因耶稣在十字架上流出的宝血，"献了一次永远的赎罪祭"（参考希伯来书十章11-12节）。所以，现在只要凭着信接受耶稣基督，罪就可得到赦免。由此可知，新葡萄酒象征耶稣救赎人类的恩典，耶稣为了将新葡萄酒赐给人类，才尝了酸葡萄酒。

"成了"的属灵含义

耶稣尝了酸葡萄酒后说"成了！"后便把灵魂交给神。耶稣道成肉身来到世间，传扬福音，医治各种疾病与软弱，并钉死在十字架上，为人类开启得救之路。

祂用爱完成了旧约圣经中的律法，牺牲了自己；此外祂也摧毁魔鬼撒但的营垒，完全胜过死亡权势。祂以爱完成了人类救赎的计划，这就是耶稣说"成了！"的原因。

圣经的话语都是赐于普世所有神儿女的，因此"成了！"这一耶稣的告白，也应当成为我们的告白。那么这话所饱含的灵意是什么呢？神要属祂的儿女按神的旨意来完成一切事，如同祂的独生爱子遵行父神的旨意一样，牺牲自己在十字架上，成就神的计划与救赎人类的旨意。

因此，我们必须与罪恶相争甚至到流血的地步，而拥有属灵的爱（参考哥林多前书十三章4-7节），圣灵所结的九种果子（参考加拉太书五章22-23节），成就八福（参考马太福音五章3-10节）来效法主的心，成全主所托付的使命，殷勤祷告、传道、侍奉、忠诚，便将许多灵魂归入主的怀抱。

并且应当以信、望、爱来战胜世界，唯有顺服神，才能像耶稣一样宣告说："成了！"

7、"父啊，我将我的灵魂交在你的手里！"

耶稣在十字架上忍受长时间的痛苦，流尽了血和水，力气耗尽。然而最后祂还是大声呼喊了一句："父啊，我将我的灵魂交在你手里！"这是祂的最后遗言。说了这话，气就断了。（路加福音二十三章46节）。

耶稣在第四句遗言里称神为"我的神，我的神！"，但在这里却称"父"，这是因为祂已经完成了救赎人类的使命。

耶稣将祂的灵魂交给父

成为救主来到世间的耶稣，为什么要将灵魂交给父呢？

人是由灵、魂、体构成的（参考帖撒罗尼迦前书五章23节），人断气时，灵与魂便脱离肉体。神儿女的灵魂归向神，其他人的灵魂则进入地狱（参考路加福音十六章19-31节）。剩下的肉体则被埋掉、腐朽、归回尘土。

耶稣虽然是神的儿子，但因道成肉身，所以与人一样有灵、魂、体。耶稣被钉死在十字架上，虽然肉身死亡，但祂的灵魂不灭。

耶稣在死前将灵魂交在父手里。

人死后，神会接走灵与魂。若神只接去人的灵而没接走魂，人到天国便会只认识真理，不认识流泪、忧愁、痛苦等这些只有透过魂的作用才能感知的，从而人虽然身在天国，却会像伊甸园的亚当一样，无法体会真正的幸福，无法发自内心感谢神。这就是为什么神要接去灵与魂的原因。

耶稣为将自己的灵魂交给神的另一个理由是：因为神是创造主，不仅统管宇宙万物，也决定人类的生死祸福。也就是说：一切万有都由神掌管，祂是唯一可以回应人祷告的神。因此，耶稣也向神祷告，将祂的灵魂交付在神手里。（参考马太福音十章29-31节）

耶稣大声地祷告

耶稣承受痛苦的同时，为什么要对神大声呼喊"我将我的灵魂交在你手里！"？因为祂要使在场的人都能清楚听见。

大声呼求祷告也是神的旨意。这样的呼喊是耶稣向神交付灵魂的一种祈祷，如同祂在客西马尼园向神极力恳切大声祷告一样。

耶稣向神呼喊："我将我的灵魂交在你手里！"，表明了耶稣完全地遵行神的一切旨意，最终也将灵魂交托给神。

使徒保罗说："那美好的仗我已经打过了，当跑的路我已经跑尽了，所信的道我已经守住了。从此以后，有公义的冠冕为我存留，就是按着公义审判的主到了那日要赐给我的，不但赐给我，也赐给凡爱慕他显现的人。"（提摩太后书四章7-8节）。

十架七言

使徒行传中，司提反执事临终时也呼求主说："求主耶稣接收我的灵魂！"（使徒行转七章59节）倘若他们是沉溺于世界，活在罪恶之中的人，能够这样祷告吗？

同样地，当我们全然遵行神的旨意，到时也能如耶稣般大声地说："成了！"以及"父啊，我将我的灵魂交在你手里！"

耶稣死后发生的事

耶稣被钉在十字架上，大声呼喊，并留下最后的遗言，断了气，那时正是申初（相当于下午三时）。从午正开始，太阳便失去了光辉，黑暗笼罩整个大地，殿里厚重的幔子也从正中央裂开（参考路加福音二十三章44-45节）。

"忽然，殿里的幔子从上到下裂为两半，地也震动，磐石也崩裂，坟墓也开了，已睡圣徒的身体，多有起来的。到耶稣复活以后，他们从坟墓里出来，进了圣城，向许多人显现。"（马太福音二十七章51-53节）

这里所讲的"殿里的幔子从上到下裂为两半"，具有重要的属灵意义。圣殿内部分成"圣所"和"至圣所"两处，中间则用幔子相隔。普通百姓不能进入圣所，至圣所只有大祭司长一年进入一次。

圣所的幔子从上到下裂为两半，表示耶稣已成为赎罪祭的祭物，并使神与人之间隔断的罪墙全然拆毁。在此之前，都是由大祭司长代替人们献上赎罪祭，人的心愿也要通过大祭司长向神传达。但是从此以后，人们可以直接与神交通了。

人可以因相信耶稣基督，打破罪的隔阂，直接向神祷告。也就是说：不论是谁，只要相信耶稣基督，都可以进入神圣的圣殿里敬拜神。希伯来书的作者说："弟兄们，我们既因耶稣的血得以坦然进入至圣所，是藉着他给我们开了一条又新又活的路，从幔子经过，这幔子就是他的身体。"（希伯来书十章19-20节）

圣经也记载：当时"地也震动，磐石也崩裂，坟墓也开了"。当时整个山川草木都被震撼，象征神为人类的罪恶叹息，也是神对走向灭亡之人类哀伤的表现。虽然神将自己的独生爱子献上当作活祭，然而那些人的心太刚硬，仍不肯接受耶稣基督，走向灭亡之路。

"坟墓也开了，已睡圣徒的身体，多有起来的。到耶稣复活以后，他们从坟墓里出来。"这意味着信耶稣基督而死的人当中有许多人复活。

盼望大家可以明白"十架七言"中的属灵含义和主的爱，如同信心的伟人一样，渴慕主再来，并在复活的盼望当中，过靠主得胜的基督徒生活。

第八章 真正的信心与永生

1、极大的奥秘
2、相信而未能真正悔改,仍无法得救
3、吃人子的肉喝人子的血才得永生
4、行在光中,罪得赦免
5、有行为的信心,才是真信心

约翰福音六章54-57节

吃我肉、喝我血的人就有永生，
在末日我要叫他复活。
我的肉真是可吃的，我的血真是可喝的。
吃我肉、喝我血的人常在我里面，
我也常在他里面。
永活的父怎样差我来，我又因父活着；
照样，吃我肉的人也要因我活着。

相信耶稣基督并参与教会活动，最终目的是为了得救，获得永生。但有不少人虽然参加教会活动，却不遵行神的旨意，以为如此也能得救。

加拉太书二章16节："没有一个人因行律法称义。"意思是：心里充满着不义，却显出律法的行为，这并不能称义，也无法进入天国。听了十字架之道和耶稣复活的信息后，若不去遵行真理，仍活在罪恶中，与耶稣基督还是没有任何关系。

光是口头表白"相信神"是无法得救的，唯有真正行在真理与光明中，耶稣的血才能洁净人所有的罪（参考约翰一书一章5-7节），所以我们应活出真正的信心。

可是，如何才能有真信心，成为神真正的儿女而获得永生呢？

1、极大的奥秘

以弗所书五章31至32节："为这个缘故，人要离开父母，与妻子连合，二人成为一体。这是极大的奥秘，但我是指着基督和教会说的。"

妻子与丈夫结婚成为一体，这是极其自然的事。然而神为何说这是极大的奥秘？若以属肉体的角度去思考是无法理解的，但若以属灵的角度思考，其中则蕴含极大的奥秘。

"教会"是指领受圣灵后属神的儿女，是将耶稣基督与圣徒间的关系比喻为一体的男女关系。要如何脱离世界，才能与新郎耶稣基督成为一体呢？

真正的信心与永生

以信心接受耶稣基督

自人类始祖亚当犯下了悖逆之罪,后代子孙也都成了罪人,变为罪的奴仆和掌管世界的魔鬼之子。

约翰福音八章44节:"你们是出于你们的父魔鬼,你们父的私欲,你们偏要行。"约翰一书三章8节更明确地说:"犯罪是属魔鬼。"接受耶稣之前我们属于世界,是掌管黑暗的魔鬼的儿女。

接受耶稣为救主,离弃黑暗,进入光明,罪就得到赦免。因为耶稣的宝血能够断开魔鬼的捆绑,使我们拥有神儿女的身份和权柄。

耶稣背负十字架,承担了人一切的罪,若心里相信时,神就会赐下圣灵进入人的心中,死去的灵就会复苏,从圣灵生灵(参考约翰福音三章6节),成为从神生的人。

若能得到圣灵的引导,就能成为神的儿女,称神为"阿爸,父!"(参考罗马书八章14-15节),并可以从天国的主人——神,得到天国永恒的基业。

凭信心接受耶稣基督,身份就从魔鬼的儿女转变为神的儿女,回转向天国,这是多么奇妙且美好的事啊!

领受所赐的圣灵在心里

以信心和耶稣结合,圣灵就会进入心中,与原有的生命种子相结合。神以尘土造始祖亚当时,在他的鼻孔里吹入生气。生气既是生命的种子,也是生命本身。因此,生命的种子永不会消灭,并通过人的精子和卵子传给后代子孙。

围绕着生命种子而存在的就是"心"。神造了亚当后，在他心中栽种了生命的知识，即"灵的知识"。人要具备一定的修养和人格，在成长过程中必须学习各种知识。同样，虽然有灵的活人本身就是生命，但要成为真正的生命，就必须吸收关于生命的知识。

起初亚当心中只有属灵的知识，即"真理"。直到受撒但的诱惑后，与神的交通被切断，灵的知识也就一点一点丧失，取而代之的是"非真理"。

起初那颗只有真理的心，分化成真理和非真理的心。例如：在亚当心中原来只有"爱"的生命知识，但因魔鬼在他心中种下"憎恨"——非真理，于是恨便取代了爱盘据在亚当心中。创世记第四章可看到：亚当犯罪后生下的该隐，因嫉妒心驱使而杀害了亲弟弟。

随着时间流逝，除了上述的两种心之外，又产生了一种新的心，即"本性"。它是父母的遗传，加上从所见所闻和所学的与所产生的感觉一并存入心里而形成的。

本性又称作"良心"。良心与父母、朋友、所阅读的书，和成长环境等因素息息相关。因良心各有不同，看待事情的角度也不一样。同一事件，有人认为是"恶"；有人则认为是"善"，或者认为"属于善"。

人的心有三种成分：属于神的纯真理之心、撒但注入的非真理之心，及两者混合而成的本性。

真正的信心与永生

圣灵与心中的生命种子相结合

在亚当的心里，这三个部分包裹着神赐的生命种子，就是神曾指着分别善恶树果对亚当说"你吃的日子必定死"这句话的应验。即使有生命的种子，若是起不了作用，其实与死没有差别。

像在土里播种，有的种子不发芽，因为其中的生命已经死亡。只要种子的生命还活着，就一定会发芽。人亦如此。如果神赐予的生命种子完全死了，人就无法复活，神也就不必预备耶稣基督来救赎人类，也无需创造天国和地狱。

神吹入人体的生命种子是永远不灭的，只要人接受福音，生命种子就会活过来。真理的心越强盛，灵就会越发生长旺盛。只要相信耶稣基督，就会得到圣灵，心中的生命种子就能与圣灵结合。

然而，良心败坏的人却不是如此。由于非真理心过于强盛，层层包裹着生命种子，使福音难以渗透进入。亚当犯罪之后像死了一般的生命种子，只有与圣灵结合，得到超自然的能力，才可以恢复生机。

从圣灵生灵成为属灵的人

人若用心灵和诚实拜神，了解神的话语并且诚心祷告，必会得到神的恩典与强大的能力，可以顺着圣灵而行，制服非真理的心和本性，最终成就属灵的心。

在这过程中，心中的非真理不断被抛弃，由灵的知识取而代之，变成真理的心，心和灵便结合成一体。一旦人的心充满属灵的知识，就会像最初的亚当一样，心的本身即是灵。

若只是表面上热心地过信仰生活，却不祷告，仍顺着本性行，无法从圣灵生灵，永远只是个属肉体的人。但即使努力祷告，而不打破自己的想法和观念，也无法顺着圣灵而行，无法成为属灵的人。

圣灵通过心中的真理使人顺着圣灵而行，撒但却利用心中的非真理使人顺着情欲而行，走向灭亡。

哥林多后书十章5节："将各样的计谋，各样拦阻人认识神的那些自高之事，一概攻破了，又将人所有的心意夺回，使他都顺服基督。"正如这里所指：人应抛弃非真理——属肉体的意念，以及因着自己的良心认为正确，却不符合神真理的想法。

唯有听从神的话语，并顺着圣灵的旨意行，才能成为心中充满真理且圣洁的属灵之人。

与主成为一体求就得着

接受圣灵，就会使"死了"的灵重新复活，进而抛弃一切非真理的意念和"自义"，成就真理的心，就能与主连结一心。

男女成为一体，通过精子和卵子的结合产生后代。同样地，当脱离世俗，接受新郎耶稣基督，与主成为一体，不断地从灵生灵，就可享受成为神儿女的祝福。

罗马书十二章3节说，信心也有大小分别，因此得到的回报也不相同。约翰一书二章12至13节将信仰的成熟过程，以人的成长阶段作为比喻：

刚接受耶稣，得到圣灵，走向得救之路的初期，称为"小子们"的信心（约翰一书二章12节）；努力遵行真理的阶段，也称为"小子们"的信心（约翰一书二章14节），但这比前者是更高层次的信仰阶段（韩文圣经为"孩子们啊"）；在这基础上，再进一步发展的信心阶段，便称为"青年人"（中文圣经为"少年人"）的信心；在这基础上，信心变得更加坚定，此阶段则称为"父老"的信心。

旧约圣经的约伯记中，约伯通过熬炼发现自己本性中仍存有恶，便彻底攻破自义，取而代之的是神的仁义之心，因此蒙得神加倍的祝福。

只有彻底攻破自义，信心进入"父老"的阶段，与主合一时，才能真正地享受作为神儿女的祝福。对此，约翰一书三章21至22节，神曾作了这样的应允："亲爱的弟兄啊，我们的心若不责备我们，就可以向神坦然无惧了。并且我们一切所求的，就从他得着，因为我们遵守他的命令，行他所喜悦的事。"

成为神的儿女，享受属天的祝福

若能如此，就可以和耶稣基督合而为一，成为属灵的人，进而成就神的义，得到与神合一的美好祝福。

约翰福音十五章7节，耶稣说："你们若常在我里面，我的话也常在你们里面，凡你们所愿意的，祈求，就给你们成就。"约翰福音十七章21节："使他们都合而为一。正如你父在我里面，我在你里面，使他们也在我们里面,叫世人可以信你差了我来。"

同样地,若离弃魔鬼掌管的世界,从内心接受耶稣基督,与主全然合一,便也能与神成为一体。加拉太书四章4至7节:

"及至时候满足,神就差遣他的儿子,为女子所生,且生在律法以下,要把律法以下的人赎出来,叫我们得着儿子的名分。你们既为儿子,神就差他儿子的灵进入你们的心,呼叫:'阿爸,父!'可见,从此以后,你不是奴仆,乃是儿子了。既是儿子,就靠着神为后嗣。"

犹如多数人将家产传给子女,当心里接受耶稣,成为神的儿女,神也会将天国的产业交给我们。也就是:魔鬼的儿女从魔鬼那里继承地狱为产业,神的儿女则因着信从神那里继承天国为产业。

但要记住:天国是圣洁无罪的地方,没能从圣灵生灵的人,只能落入地狱,反之灵魂兴盛,与神成为一体的人,就能在天国居住在靠近神宝座的地方,得享荣耀。

因此不仅要接待新郎——耶稣基督,得享永生的祝福,也要殷勤脱去心里的非真理,攻破自义和框框,成就全灵,与主合一,并与父神合一,荣神益人,做有福的人。

2、相信而未能真正悔改，仍无法得救

靠着信心，耶稣成为引领我们走向永生之路的新郎。同样，只要诚心信靠耶稣，以基督耶稣的心为心，不仅能继承天国的产业，在天国也会得到如同日光般的光辉。

在圣经里可以发现，口称信耶稣却未能得救的例子。马太福音二十五章记载：有十个童女同时等待新郎，其中五个童女准备了灯，也准备了油；而另外五个童女只准备了灯，却没有准备油。以至于新郎半夜来到，事前已经准备好灯与油的五个童女得到了救赎，另外五个则被关在门外。

同样地，并非每一个信主的人都能得救，通过圣经的实例提醒人，如何过信仰生活，才能使人真正得救。

马太福音七章21节："凡称呼我'主啊，主啊'的人，不能都进天国，惟独遵行我天父旨意的人才能进去。"对耶稣喊"主啊，主啊"的人，虽承认耶稣是救主，也去教会做礼拜，但并非个个都能进入天国。

行恶之人无法得救

马太福音十三章40至42节：

> "将稗子薅出来用火焚烧，世界的末了也要如此。人子要差遣使者，把一切叫人跌倒的和作恶的，从他国里挑出来，丢在火炉里，在那里必要哀哭切齿了。"

如同农夫在秋收时将粮谷收入仓库，把无用的稗子用火烧掉。在大审判时，凡无法进入天国的人，只有被投入地狱中，永受残忍的刑罚。

上述经文所说的"一切叫人跌倒的"是指口里说信神，实际上却把信神之人引向歧途，远离信仰的人，这种人也无法得救。

所谓"作恶的"指的是，约翰一书三章4节："凡犯罪的，就是违背律法，违背律法就是罪。"

国有国法，凡是触犯国法者，都要受罚。而在神的国度里，也有灵界的法则。灵界的法则是由灵界的掌管者——神制定的，也就是圣经中所记载神的话语。所以，违背神的话语就是违背律法，违背律法就是罪。

神的话语大致可分成四类："可行"、"不可行"、"遵守"、"离弃"。由于神是光，当然希望儿女们也能行在光明中。美善的事，神指示儿女们可行；恶事则说不可行；应遵行的法则，神指示遵守；对于神不喜悦的事，则表示离弃。

申命记十章13节："遵守他的诫命、律例，就是我今日所吩咐你的，为要叫你得福。"正如所言，只要遵行神的话语，就能得到祝福；得知真理之后违背神的话语，就会因犯罪而走向永远的死亡。

加拉太书五章19至21节又说：

"情欲的事都是显而易见的，就如奸淫、污秽、邪荡、拜偶像、邪术、仇恨、争竞、忌恨、恼怒、结党、纷争、异端、嫉妒（有古

真正的信心与永生

卷在此有"凶杀"二字)、醉酒、荒宴等类。我从前告诉你们，现在又告诉你们，行这样事的人必不能承受神的国。"

这里"奸淫"指的是婚前发生不正常的男女关系和不守贞节的一切不洁净的行为；

"污秽"则指诸般罪性过了限度，做出常人所不可理解的杂乱行为。

"邪荡"指整个生活态度好色淫乱，沉浸在淫乱的心思意念和行为中。

"拜偶像"指用金、银、铜等造出神像，并加以崇拜，或者爱某些事物超过爱神。

"邪术"是指使用诡计欺骗人的行为。

"仇恨"则指对人怀有怒恨之心，希望对方死亡的想法；它与爱恰好相反。

"争竞"是指为了自己的私利权势，与他人争斗的行为。

"忌恨"指当感到自己不如别人的时候因嫉妒而憎恨对方的心理。

"恼怒"则指超越单纯生气的程度，使对方受到伤害的行为。

"结党"指以不合自己心意为由，不与众人合一，顺着撒但的指使组织成某种帮派的行为。

"纷争"是指无视圣灵的旨意，照自己的意思组成帮派且做出分裂合一的行为。

"异端"则指否定三位一体真神的存在，及耶稣以神的儿子身份，道成肉身，降世为人，流出宝血替人赎罪。

"嫉妒"指出于嫉妒之心而加害对方的行为。

"醉酒"指喝酒的行为。

"荒宴"指失去节制的放荡生活；除了醉酒的行为以外，还包括作为丈夫或妻子不尽自己的责任，或者作为父母不好好照顾子女等。

此外，上述经文中提到"等类"，指除前述的罪名以外，类似的"情欲的事"还有很多。神告诫人们，凡行出这类罪行就无法得救。

至于死的罪与不至于死的罪

在人世间，罪的结果显而易见，并危及他人时就定为有罪。但因为神就是光，所以在神的眼里，除了行为上显露的"情欲的事"，凡与光相违背的黑暗，也都属于罪。

除了行为上的犯罪，隐藏在心中的憎恶、忌恨、嫉妒、奸淫，以及心里论断、定罪、无亲情、虚谎等均属于罪。

这就是为何神说："只是我告诉你们，凡看见妇女就动淫念的，这人心里已经与她犯奸淫了。"（马太福音五章28节）；"凡恨他弟兄的，就是杀人的。你们晓得凡杀人的，没有永生存在他里面。"（约翰一书三章15节）。此外，罗马书十四章23节提到："凡不出于信心的都是罪。"雅各书四章17节说："人若知道行善，却不去行，这就是他的罪了。"

然而，犯有上述各样罪行都会走向死亡吗？如果一个人说了谎后，愿意悔改，并真诚地向神祷告认罪，改变自己，这就是信仰生活，也叫信心。即使自己的信心软弱，尚未完全离弃谎言，也不会因此不得救。

约翰一书五章16至17节："人若看见弟兄犯了不至于死的罪，就当为他祈求，神必将生命赐给他；有至于死的罪，我不说当为这罪祈求。凡不义的事都是罪，也有不至于死的罪。"

由此可知，罪可分为至于死的罪和不至于死的罪。人犯了不至于死的罪，可以用爱心的劝勉和祷告，使他悔改，并且得救；若犯了至于死的罪，无论如何为他祷告也无法得救。

世上被称作诚实的人，为了自己的利益，有时也会说谎，许多人虽然不直接贻害他人，但却说谎成性。在认识神以前，总认为自己的言行符合义，但接受耶稣基督，并认识真理后，不得不承认自己原来也是个罪人。因为神说：不仅表现在行为上的是罪，怀在心中的各种恶念也都属于罪。

一切的不义均属于罪，"罪的工价乃是死"。耶稣被钉在十字架上，为人类赎了过去、现在及未来一切的罪。因着耶稣宝血的功效，只要人真心悔改，就能得赦的罪叫做"不至于死的罪"。

然而，人若不知悔改，继续犯不至于死的罪，以致良心麻木，甚而犯下至于死的罪，最后，神不会再赐下悔改的灵，从而欲悔改也不能，无法得到赦免。

犯了至于死的罪，更无法得救

列举三种至于死的罪：亵渎圣灵的罪、使神的儿子公然受辱的罪，以及明知故犯的罪。

第一、亵渎、干犯圣灵的罪

亵渎圣灵的罪行有三种：说亵渎圣灵的话、做违背圣灵的事，以及使圣灵受辱，都是亵渎圣灵。

首先查考亵渎圣灵的罪。

"所以我告诉你们，人一切的罪和亵渎的话，都可得赦免；惟独亵渎圣灵，总不得赦免。凡说话干犯人子的，还可得赦免；惟独说话干犯圣灵的，今世来世总不得赦免。"（马太福音十二章31-32节）

"亵渎"是指污蔑和毁谤他人，或企图妨碍某种事，使其不成的行为。"亵渎圣灵"便是对属神的事妄加论断或阻挠神的圣工，拦阻圣灵工作的行为。明明是圣灵的工作，却因与自己的想法不符，便恶意毁谤神的作工。若把圣灵作工的地方定为异端，或散布谣言、制作并传播弄虚作假的文件，妨碍聚会等，便是属于这种罪行。所领受的若不是真理的灵，在神看来为异端时，我们应以基督的福音来劝诫这等人，不可容忍。提多书三章10节："分门结党的人，警戒过一两次，就要弃绝他。"

若把非异端妄加定罪为异端，拦阻圣灵的工作，便是亵渎圣灵，是在神面前犯了不可饶恕的罪。故此我们应当以真理为判断标准去分辨诸灵。

现今，很多人缺乏分辨灵的能力，因而对肯定三位一体真神和彰显圣灵大能的教会，妄加论断，冠以异端罪名，并以各种手段加以阻挠。这些人口里称相信神，实际上却连异端的定义都不清楚。

由于无知而毁谤，如能悔改还可以得到赦免。倘若明知故犯，出于嫉妒而加以毁谤，将无法得到赦免。

马可福音第三章记载：当耶稣行了除了神以外无人能行的神迹奇事后，一些顽恶之徒出于嫉妒便说祂疯了，此谣言广为传播，甚至耶稣的亲属也闻讯赶来要拉住他。

不仅如此，一些文士和法利赛人也诬蔑耶稣说："他是被别西卜附着"、"他是靠着鬼王赶鬼"（参考马可福音三章22节）。懂得律法并做教导的人，却由于嫉妒耶稣，反而诬蔑了神的大能。

"干犯"是指违抗上司的指示或命令，"干犯圣灵"是指违抗圣灵的声音或者对圣灵的工作妄加论断定罪，并告状于教团，排斥罢免等企图加害于他人等类的事。

举例而言：就是散布违背圣灵的谣言、文件，或者论断有圣灵作工的牧师与教会为异端，妨碍复兴盛会的人。

"凡说话干犯人子的，还可得赦免"，这"人子"指的是道成肉身来到世上的耶稣背负十字架之前的称呼。因此"干犯人子"之意是：人们因不认识道成肉身的神子耶稣，就把他当作人加以干犯。

因为这是出于不认识耶稣是救主的无知所犯的罪，所以只要认罪悔改，接待耶稣基督，便能罪得赦免，蒙恩得救。

如今也一样：若不了解真理，或者在领受圣灵之前犯了这样的罪，神会宽容等待给他无数悔改赦罪的机会。然而，若明知耶稣基督是谁，却故意毁谤主，就等于亵渎、干犯圣灵，这样的罪即使在神面前悔改，也无法得到赦免。

"亵渎圣灵"与"干犯圣灵"两者意思相似，不过仍有些差别，可以比作"情欲的事"和"肉体的事"进行区别。"肉体的事"是指人心里的罪性，是诱发行为上犯罪的非真理的属性；"情欲的事"则指"肉体的事"的具体的行为表现。"亵渎圣灵"是阻碍成就神国的事工；"违背圣灵的作工"对于已经显现出来的圣灵的大能进行毁谤的行为，而蓄意伤害他人。

"亵渎圣灵"是拦阻圣灵的工作，试图毁坏神的圣工；"干犯圣灵"则是使用诡计积极地抵挡和攻击借着圣灵的作工成就的事，挑起事端，加害于人的行为。就像肉体的事发展成情欲的事一样，亵渎圣灵的人必然作出干犯圣灵的行径。

路加福音十二章10节说："凡说话干犯人子的，还可得赦免，惟独亵渎圣灵的，总不得赦免。"这里"亵渎圣灵"在韩文圣经里是"毁谤圣灵"。

"毁谤"是指以言语攻击或嘲讽丑化神圣的、尊严的、清洁的，"亵渎圣灵"则是指羞辱神的灵，即圣灵，或丑化神的永能和神性的作为。

真正的信心与永生

人把圣灵的作工诽谤为撒但的作工，或者将非圣灵的作工说成是圣灵的作工，这就构成羞辱神的永能和神性的罪。还有把真理传成非真理，将真实的事说成虚假的事，这都是"毁谤圣灵"的行为。

在过去，诬蔑国王的言行即是大逆不道，要被判死刑并斩首。

全知全能的神更是世上君王无法相比的，因此毁谤神圣洁的品性——神性，就等于毁谤神，这等罪绝无法得到赦免。

与神原为一体的耶稣，道成肉身来到世上，祂并没有给任何人定罪，更何况是属祂的儿女呢？如果随意对自己的弟兄姊妹定罪，甚至诬蔑圣灵所行的事，那是多么大的罪行啊！对神若存着敬畏之心，就绝不会有亵渎、干犯、毁谤圣灵的行为了。

切记这等罪是滔天大罪，不仅今世不得赦免，即使公义慈爱之神的国度来临也永不得到赦免，我们万不可犯这样的罪，倘若有人曾因无知而犯下亵渎、干犯、毁谤圣灵之罪，现在悔改也不迟，要彻底认罪痛悔，以领受神赦罪的恩典。

第二、使神子公然受辱的罪

第二项至于死的罪是将神的儿子重钉十字架，明明地羞辱祂。希伯来书六章4至6节：

> "论到那些已经蒙了光照、尝过天恩的滋味，又于圣灵有份，并尝过神善道的滋味，觉悟来世权能的人，若是离弃道理，就不能叫他们重新懊悔了，因为他们把神的儿子重钉十字架，明

明地羞辱他。"

领受圣灵以后，明明知道天国和地狱的存在，得知真道，并相信神的话，但因为胜不过世俗的诱惑，离开教会和神，败坏堕落，做出羞辱神的行为。他们顺着撒但的运行，不仅犯下各种罪行，甚至逼迫教会，辱骂和迫害相信神的人。

他们已将自己的良心出卖给魔鬼，黑暗充满在他们的心，无法挽救。他们因居心顽恶，既无悔改之心，也得不到悔改的灵，因此罪无法得到赦免。

加略人犹大就是属于犯下这种罪行的人。他是耶稣拣选的十二个门徒之一，跟随耶稣，亲眼目睹许许多多的神迹奇事，但因利欲熏心，以三十块银钱出卖了耶稣，后来受到良心谴责退还了三十块银钱，心里虽后悔，但未得到悔改的灵，最后上吊自尽（参考马太福音二十七章3-5节）。

第三、明知故犯的罪

还有一种罪，是希伯来书十章里所讲的："得知真道以后，故意犯罪。"

"因为我们得知真理以后，若故意犯罪，赎罪的祭就再没有了，惟有战惧等候审判和那烧毁众敌人的烈火。"（希伯来书十章26-27节）

"得知真理以后故意犯罪"是指明知故犯神不饶恕的不法之事。"就像狗所吐的，它转过来又吃；猪洗净了，又回到泥里去滚"（参考彼得后书二章22节）继续明知故犯之人。

曾经非常爱神的大卫王犯了淫乱罪后，又犯下了许多罪，甚至杀人罪。可是当先知拿单指出他的罪行后，他便立刻悔改。

再看扫罗王，先知撒母耳指出扫罗王的罪行后，扫罗王仍继续犯罪，结果大卫王得到神的赐福，执迷不悟的扫罗王则被神弃绝。

此外，先知巴兰曾受神的恩宠，得到赐福人与诅咒人的权柄，但是他与世界妥协，贪图财物，与世俗同流合污，结果是自取灭亡。

诸如此类虽然信神却仍旧继续故意犯罪下去的人，神就会像他掩面，因而圣灵的感动被消灭，丧失信心，成为魔鬼的奴仆，必然要行恶与不义之事。又因失去圣灵，不知悔改，最终连原来记录在天国生命册中的名字都会被涂抹掉（参考启示录三章5节）。

仅在知识上认识神，却未曾发自内心信神而继续犯罪，还是可能得到神的帮助。若能彻底悔改并真心相信神的话语，就可走向得救之路，使罪得赦免。他们即使一开始出席教会，后来离开教会走向世界，但若经人传道，或通过别的途径悔改归正，就能重新蒙恩。

因此，与圣灵有分，明知有天国和地狱，经历许多神恩的人若继续故犯情欲的事，无论如何呼求主名，也无法得救。不至于死的罪也是罪，罪就是不法，是黑暗，是神所恨恶的。

因此无论怎样微不足道的罪也不要触犯，成为有智慧的基督徒。

3、吃人子的肉喝人子的血才得永生

人要维持健康的身体，必须摄取适当的饮食，同样，想维持属灵的生命并获得永生，就必须吃人子的肉，喝人子的血。

为什么必须吃人子的肉，喝人子的血才能得到永生？在约翰福音六章53至55节：

> "耶稣说：'我实实在在地告诉你们，你们若不吃人子的肉，不喝人子的血，就没有生命在你们里面。吃我肉、喝我血的人就有永生，在末日我要叫他复活。我的肉真是可吃的，我的血真是可喝的。'"

人子的肉是什么？

在圣经里，耶稣借诸多比喻说明天国的奥秘和神的旨意。活在三维（三次元）世界的人类很难理解住在四维（四次元）以上世界的神的心思意念，因此神以无生物、动植物，及人世间的生活来比喻。神在圣经中把自己的独生子耶稣比作磐石、非人手凿出来的石头、晨星等无维（无次元）之物；有时以葡萄树等一维（一次元）之物；有时则以羔羊等二维（二次元）之物；或者以三维（三次元）世界的人来比喻。

耶稣被称作"人子"，所以"人子的肉"就是耶稣的肉。

约翰福音一章1节："太初有道，道与神同在，道就是神。"约翰福

真正的信心与永生

音一章14节:"道成了肉身,住在我们中间,充充满满地有恩典有真理。我们也见过他的荣光,正是父独生子的荣光。"

意思是:耶稣就是神的道,这道成肉身来到人世。因此,"人子的肉"就是指真理本身——神的话语。吃人子的肉,意指将六十六卷圣经中记载神的话语,当作灵粮。

如何吃人子的肉?

出埃及记十二章5至7节将耶稣比作羔羊:

> "要无残疾、一岁的公羊羔,你们或从绵羊里取,或从山羊里取,都可以。要留到本月十四日,在黄昏的时候,以色列全会众把羊羔宰了。各家要取点血,涂在吃羊羔的房屋左右的门框上和门楣上。"

通常称信神的圣徒为羊,因此有人误以为羊羔指的是初信徒,但查考圣经就会得知"羊羔"或"羔羊"是对耶稣的称呼。

约翰福音一章29节,当施洗约翰看到耶稣来到,他便说:"看哪,神的羔羊。" 彼得前书一章19节:"乃是凭着基督宝血,如同无瑕疵、无玷污的羔羊之血。" 除这两处外,圣经里还有许多处把耶稣比喻作羔羊。

因为羊在动物里可说是最温驯的。它能分辨牧羊人的声音,对牧人的声音百依百顺。若有人想模仿牧人的声音欺骗羊,是极其困难的。同时，羊为人类提供了毛皮、羊肉与羊奶，可说全身都献给了人类。

正如羊为人类贡献一切，耶稣也为人类作出了极大的牺牲。祂对神的旨意总是"阿们"，完全地顺服。

耶稣本是神的独生爱子，道成肉身来到世间，向人传扬福音，医治各样疾病和软弱，并为了救赎人类，被钉死在十字架上。

耶稣如同温驯的羊，因此被比喻为羔羊。吃羔羊的肉，即意味吃耶稣的肉，也就是人子的肉。

那么人子的肉要怎么吃呢？出埃及记十二章9至10节记载了吃羔羊肉的方法："不可吃生的，断不可吃水煮的，要带着头、腿、五脏，用火烤了吃。不可剩下一点留到早晨，若留到早晨，要用火烧了。"

第一、神的话不能生吃

通常吃生肉容易闹肚子，或吃进有害的细菌而生病。同样地，"生吃"神的话语也是不好的，会使人错误地理解神的话语而走向灭亡。

神的话是受圣灵的感动而记录下来的，因此必须在圣灵的感动下理解，方能成为生命的粮。

若单以字面上的意思来解释神的话语，不仅无法理解神的心意，而且很容易造成误会。所以"生吃"神的话语，就是指按字面上的意思来解读圣经的话。

约翰福音一章1节："道就是神"，意思是说：道蕴含了神的旨意——圣经中的话语就是神。

通往天国的路也包含在神的话语中，因此想得到永生，就必须理解神的话。相反地，属肉体的人无法看到属灵的世界，也无法理解神的话，因为神就是灵。

如同生活在地下、幼虫时期的蝉蛹，它不知道地上有天；在蛋壳里尚未孵化的小鸡，也不知道外面的世界。

人若被属肉的框框所限制，眼睛被肉体所蒙蔽，因而无法了解属肉体层次以上的世界。所以神通过圣经，显示四维（四次元）属灵世界。如同小鸡冲破蛋壳走向外面，人唯有冲出属肉体世界的藩篱，才能了解并进入属灵的世界。

马太福音六章6节："你祷告的时候，要进你的内屋，关上门，祷告你在暗中的父。你父在暗中察看，必然报答你。"

若单看字面，我们应在内屋祷告，但圣经里没有一个先知是在内屋里祷告的。耶稣也是如此。圣经中记载：祂上山祷告，整夜祷告神（参考路加福音六章12节），有时天未亮的时候，祂就到旷野之地祷告（参考马可福音一章节35节）。

此外，先知但以理一天祷告三次，祷告时把面向耶路撒冷的窗户打开（参考但以理书六章10节）；而使徒彼得则上屋顶祷告（参考使徒行传十章9节）。

那耶稣要人们在内屋祷告的属灵含义是什么呢？

"内屋"象征着人的内心，在内屋里祷告，代表从内心深处祷告。就像经过房门才能进入内屋一样，我们只有经过意念之门，进入内心深处祷告的时候,才能蒙神悦纳。

内屋是与外界隔绝、得以安静的房间,同样,我们祷告时应当掐断一切世俗的忧心和挂虑,专心致志,尽心尽意献上发自内心深处的祷告。

因此我们吃人子的肉,不可吃生的,即不要以字面上的意思来解释神的话语,而要在圣灵的感动当中了解属灵的含义,并当作灵粮,成为属灵的人。

第二、神的话不可水煮

神的话语不能水煮来吃,乃是对人子的肉——神的话语,圣经六十六卷书,要完整的汲取,不能掺杂其它。

因此在传扬神的话语时,加入哲学家、诗人等受人尊敬的语录、典故,其实并不合宜。

因为创造天地万物和掌管生死祸福的神,是全知全能的。哥林多前书一章25节说:"因神的愚拙总比人智慧,神的软弱总比人强壮。"强调人再聪明,也无法与神相比。

六十六卷圣经的话语,其长、阔、高、深无法测度、蕴藏着无穷无尽的生命信息,人何必在讲道中加入人的话并传扬出去呢?

人的话往往经不起岁月的考验而改变,即使是所谓的"至理名言",其实都包含在圣经的话语里面。

因此我们应当把神的道当作至上的真理来教导人。当然,在传达神的话语时,为了使人理解而以比喻或生活中的实例举证,是可行的。唯有神的话语是永远不变的真理，所以不可放进水里煮着吃。

第三、神的话必须火烤

吃羔羊时，要带着头、腿、五脏"用火烤了吃"的含义是什么呢？这个隐喻透露要把人子的肉——66卷圣经话语，一字不漏地从头到尾当作属灵的粮食来吃。

在旧约圣经中，摩西分开红海，令人难以置信；利未记的献祭方式让人无法理解，干脆不读；新约圣经中耶稣所行的神迹奇事，因为是两千年前所发生的事，必须删除；再减除所有不符合自己理解的部分，将神的话语精简处之。至于"要爱你们的仇敌"，"各样的恶事都要禁戒不作"等训诫，更是难以遵守而置之不理，而只肯领受伦理道德的训诲。如此之人能得救吗？

因此，不要像愚昧人，只把圣经中自己想要的部分当作粮食。应当从创世记到启示录，一字不漏、完整地用火烤着吃。

在这里用"火烤了吃"，"火"意味着圣灵之火。因为圣经是受圣灵感动而记载下来的，阅读时也应凭着圣灵的充满和感动来领受，否则只是徒增知识，无法成为属灵的粮食。

为了能用火烤了吃，必须有火热的祷告。祷告就像油，是圣灵充满的原动力。圣灵充满和感动时，读神的话语就会觉得比蜜甘甜，如鹿切慕溪水一般，内心会饥渴慕义，从而觉得听道的时间无比宝贵，一点也不觉得漫长而难熬。这就是把神的道"用火烤了吃"的属灵含义。

用火烤了吃神的话语，才能领悟神的旨意，并能将神的话消化吸收，成为属灵的血与肉。这就是从圣灵生灵，成为属灵的人，信心日益成长，找回人的本分，恢复神形像的方法。

若只以个人的思想和知识阅读神的话，不仅感到枯燥乏味，因杂念丛生而无法刻在心版上，更无法得到真生命，成为属灵的人。

第四、神的话不可"剩下，留到早晨"

"不可剩下一点留到早晨，若留到早晨，要用火烧了。"因为"人子的肉"即神的话语，必须在当天晚上全部吃掉。我们生活的这个世界是魔鬼所支配的黑暗世界，以属灵的角度来看就是黑夜。等主再临时，黑暗即将退去，迎接属于光明世界的早晨。

因此，"不可剩下一点留到早晨"是指必须在主再临以前，热切地以神的话作为粮食，心中时常充满真理，做好新妇妆扮，盼望主耶稣再来。

不管主再临的日子是长还是短，人生至多也只有七、八十年左右，何时能见到主，无人知晓，都要随时把神的话语当作粮食，不断地吸收，并在属灵里成长，快速成为属灵的人。

当灵命不断地成长，拥有父老的信心，就能认识那起初 原有的神，并结满圣灵的九种果子、八福的果子，全然恢复神的形像，归天家时即可得享神宝座旁的日的荣光。

真正的信心与永生

喝人子的血

为了维持肉体的生命，人必须摄取饮食。若不喝水，食物便无法好好消化，人就可能死亡。当食物与水在胃里混合相融时，食物就能消化，人可以借此吸收养分，并将废物排出体外。

同样地，"吃人子的肉"就必须"喝人子的血"，否则无法消化，也无法得永生。

"喝人子的血"表示将神的话语凭着信心付诸行动。听了神的话语就应当遵行，这就是信心，否则就毫无作用。

如同喝水有助于消化吸收，听了神的话语后，若能遵行，真理就会被吸收，体内的非真理就能排出体外，心也因此得以洁净。

在这里"被吸收的真理"是什么？"被排出的非真理"又是什么呢？假设，听到了"要彼此相爱，不要憎恨"的话语，若按此话语遵行，"爱"的养分就会被吸收，"憎恨"的废物就能排出。通过这般洗涤，污秽的心就能成为圣洁良善。

听到神的话就应遵行

不遵行神的话语，如同不喝人子的血，对神的话只有知识上的认识，而无真诚的信心，因此无法得救。

喝人子的血就是去遵行神的话，这单靠人的力量永远无法做到。为此，首先要有遵行神话语的意志和努力，并要通过火热的祷告，得到神的恩典与能力并圣灵的帮助。

如果光靠自己的努力就能够离弃罪恶，那么耶稣就不必背负十字架为人类赎罪,也不用差遣圣灵来帮助了。

因为靠我们自己是永远无法解决罪的问题,所以神差遣独生子到这地上,使祂舍命在十字架,以代赎了我们的全罪;后来又差遣圣灵给我们,使我们借助圣灵的帮助,脱去黑心,成就白心。

神的灵帮助祂的儿女行真理,有了圣灵的帮助,才能遵守神的旨意,离弃罪恶,得到神的爱与祝福。

4、行在光中,罪得赦免

吃人子的肉、喝人子的血,经过消化而成为"真理"的心,自然能够离弃黑暗,遵行神的话,就能"行在光中",主的宝血才能洗净过去、现在及未来的罪。

即使内心还存着尚未离弃的罪恶,但若诚心悔改,就能得到神的怜悯与赦免。当人从内心真正相信神,遵行神的旨意,就不再是罪人,而是义人,才能得救进入永生。

神就是光

约翰一书一章5节:"神就是光,在他毫无黑暗。这是我们从主所听见、又报给你们的信息。"使徒约翰是耶稣门徒之一,曾受耶稣亲自教导。

约翰福音一章节4至5节:"生命在他里头,这生命就是人的光。光照在黑暗里,黑暗却不接受光。"耶稣也指着自己说:"我就是道

路、真理、生命；若不藉着我，没有人能到父那里去。"（约翰福音十四章6节）

因此，耶稣的门徒从耶稣身上目睹了神就是光的事实，也留下这些记载。

从属灵的角度来看：光就是真理

以弗所书五章8节："从前你们是暗昧的，但如今在主里面是光明的，行事为人就当像光明的子女。"神就是光，从神那里学习真理的人，就像神一样会发出光来驱逐黑暗，照亮黑暗的世界。

光明的儿女按着真理而行时，所结的果实就是光明。如以弗所书五章9节所说："光明所结的果子就是一切良善、公义、诚实。"

哥林多前书十三章提到的"属灵的爱"与加拉太书五章22节的"仁爱、喜乐、和平、忍耐、恩慈、良善、信实、温柔、节制"等，都属于光明所结出的果子。

由此可知，光就是神通过圣经告诉我们要彼此相爱、要祷告、遵守安息日、遵守十诫等有关善、义、爱的一切真理。行在真理中，也是行在光中，这就是按神的话行事的人。

从属灵的角度来看：黑暗就是罪

黑暗是指没有光的状态。从属灵的角度来看，黑暗代表着罪，结果就是死亡。

罗马书一章29节谈到不义、邪恶、贪婪、恶毒、嫉妒、凶杀、争竞、诡诈、毒恨等与真理相反的非真理，都是属于黑暗。

圣经中记载的杀人、奸淫、偷盗也都是属于黑暗。

神的儿女中，有时也有人会犯上述的罪——该做得不做、该守的不守、该离弃的不离弃、不可做的去做。这些行为属于撒但所掌管的黑暗，与光毫不相容。这种人不来就光，反倒喜欢黑暗。

真正属神的儿女，就该脱离黑暗的行为，行在光中。唯有如此才能与神交通，得到神的恩惠，万事亨通，蒙神赐福。

与神相交的证据

父母与儿女因着爱，形成亲密的关系。同样的，神是属灵的父亲，与属祂的儿女也有着密切的相交（参考约翰一书一章3节）

这里的相交，并非单方熟识另一方。如我们对总统很熟悉，但总统却不认识我们，就不能说是相交的关系。人与神之间的关系亦是如此，要建立深切的相交，光是个人认识神还不够，必须让神认识你。

约翰一书一章6至7节："我们若说是与神相交，却仍在黑暗里行，就是说谎话，不行真理了。我们若在光明中行，如同神在光明中，就彼此相交，他儿子耶稣的血也洗净我们一切的罪。"

当离弃罪恶，行在光明之中时，就是与神相交；相反地，若不断犯罪，却说是与神相交，那就是说谎的。

与神相交不是指从知识上认识神——属肉体的交流，而是一种建立在灵与真理上的相交。神就是光，唯有我们成为光，才能与

真正的信心与永生

神相交。越住在真理里面，越能清晰听到圣灵的声音，明白神的旨意，读经、祷告时也能与神有更深的交通。

行在黑暗中

若说与神相交，却仍在黑暗中行，不断地犯罪，这就是说谎，违背真理，最后只能走向死亡之路。

撒母耳记上二章里记载：祭司长以利的两个儿子不顺从神的话语，不断行恶。以利对此未能严加管教，只是口里说："我儿啊！不可这样。"

然而这两个儿子还是照常行恶。结果惹怒了神，祭司长以利的两个儿子死在战场。以利一听到这个消息，就从他的位子上向后跌倒，在门旁折断颈项而死。不仅如此，连他的后代子孙也遭到报应（参考撒母耳记上二章27-36节，四章11-22节）。

因此，以弗所书五章11至13节："那暗昧无益的事，不要与人同行，倒要责备行这事的人。因为他们暗中所行的，就是提起来也是可耻的。凡事受了责备，就被光显明出来，因为一切能显明的就是光。"

如果有人口里说与神相交，却不行在光明中，就应该用爱心劝告他；如果他仍不回头，就当严厉责备，使其走向光明，转离死亡。

行在光中，罪得赦免

社会有法律，人若犯罪，就要依罪的轻重受到法律制裁。然而，即使受到相应的制裁，偿还了罪价，却因造成不可挽回的伤害或损失,所受的良心的谴责是不可抹去的。

同样地,人因相信耶稣基督罪得赦免,被称为义人,但罪根依然残留在心。因此,神要我们行心里的割礼,好叫我们连良心上也不觉惭愧。

耶利米书四章4节:"你们当自行割礼,归耶和华,将心里的污秽除掉。"所谓"割礼"就是要从心里除去污秽。

除去心中的污秽,就是遵行神在圣经里告诫人们的"可行"、"不可行"、"遵守"、"离弃"的话语。换言之,就是将凡违背神话语的一切非真理、恶、不义、非法、黑暗等完全除净,使心能够圣洁。这就是吃人子的肉、喝人子的血,并行在光中及接受了心里的割礼。

我们应当殷勤吃神的道,并顺其而行,吸收养分——真理之道,将属黑暗的恶、非真理等废物排出体外,这就是心里的割礼,也是灵命成长,以至成为属灵人的必经之路。

这一过程便是与神相交。只有与神相交,才能被主的宝血洗净。

我们若在光明中行,如同神在光明中,就与神彼此相交。让我们一起吃人子的肉,喝人子的血,使自己成为完全的义人。

5、有行为的信心,才是真信心

察看一下周围,可以发现很多人虽然参与教会活动,但对于信心功课还是不太了解。甚至有人说："适当地出席教会也能得救，何必信主那么认真呢？"

听了神的话语却只当作知识而不去遵行，就不能算是真正的信心，也无法得救。那么，神认定的信心是什么？如何靠着信心得救呢？

真正的悔改必须远离罪恶

约翰一书一章8至9节："我们若说自己无罪，便是自欺，真理不在我们心里了；我们若认自己的罪，神是信实的，是公义的，必要赦免我们的罪，洗净我们一切的不义。"

"认自己的罪"是什么意思呢？

倘若神对人说："往东走，那是通往永生的路"。你回答："是啊，我知道应该往东走，可是我现在正往西走，求神原谅！"这不能算是认罪，这种态度既无信心又不敬畏神，反倒是对神的一种愚弄。真正的悔改不能单纯地只在口中表白，应以实际行动完全回转，如此才能蒙神赦免。当我们发现并离弃自己的罪恶，行在光明中的时候，主的宝血才能洗净我们，赦免我们的罪。

明知摄取营养才能维持生命，却不肯进食，就只有死路一条。同样，只是口里认罪，行为上却没有表现，这样的罪，无法被赦免。

没有行为的信心是死的

雅各书二章22节："可见信心是与他的行为并行，而且信心因着行为才得成全。"26节又说："身体没有灵魂是死的，信心没有行为也是死的。"

听过天国和地狱，因而到教会聚会，但却没有真正地从内心相信。这种信仰只停留在知识上，信心却是死的。

只在口头上说信，却仍旧犯罪，不算是真正的信心。圣经里说，明知故犯的罪比无知而犯的罪更重。口头上说我相信，却没有行为，神不承认这样的信心。

以色列百姓在出埃及的过程中，虽经历了许多神的大能。神将红海分开，使他们从旱地走出红海；并赐下吗哪和鹌鹑，白天用云柱为他们遮挡炽热的阳光，夜晚用火柱为他们驱除寒冷。

然而，当神领他们进入迦南地时，顺服并相信全知全能神的人却只有约书亚和迦勒。除了约书亚和迦勒以外，那一代的以色列人在旷野里受尽磨难，经过四十年的试炼，最后全数倒毙在旷野。

即使人亲眼看到了许多神的大能，若依旧不信或不遵行神的话语，仍然没有用处。因为"信心因着行为才得成全"。

遵行律法才能成为义人

神在罗马书二章13节："*原来在神面前，不是听律法的为义，乃是行律法的称义。*"

参加礼拜，听神的话语并不能成为义人，只有遵行神的话语，才能使心洁净，成为义人。

罗马书十章13节："凡求告主名的，就必得救。"有人会误解这句话，以为不论行为如何，只要喊"主啊，主啊"便可得救。其实不然。神的话语都是有伴偶的：前有预言，后有结果，妄不可断章取义。只有完全理解，才能真正领会其中的含义。

罗马书十章9至10节："你若口里认耶稣为主，心里信神叫他从死里复活，就必得救。因为人心里相信，就可以称义；口里承认，就可以得救。"

唯有真正相信耶稣从死里复活时，信心才能付诸行动，成为义人，并且真正得救。

马太福音十三章49至50节："世界的末了也要这样。天使要出来，从义人中把恶人分别出来，丢在火炉里，在那里必要哀哭切齿了。"这里所谓的"义人"是指承认神的存在，并过信仰的生活。"从义人中把恶人分别出来"是说：即使参与教会活动，若不遵行神的话语，仍无法得救。

神盼望的是心中的割礼

神盼望祂的儿女圣洁而完全。彼得前书一章15节："那召你们的既是圣洁，你们在一切所行的事上也要圣洁。"马太福音五章48节："所以，你们要完全，像你们的天父完全一样。"

在旧约时代，人们通过对神的献祭得到救赎。但新约时代，由于耶稣用爱完成了律法，因此使人们凭信心得救。

在旧约时代，人们即使心里有憎恨、奸淫、欺骗等意念，若未表现在行动上，就不算犯罪。

旧约时代由于靠人的力量无法离弃罪恶，因此只要行为上不犯罪，就不算是罪人；但新约时代，必须心里接受割礼才能得救。那是因为赐下圣灵以后，圣灵已告诉人们为罪、为义、为审判，自己责备自己，而且帮助人离弃罪恶，做成心里的割礼。因此神对人们的深切期望就是行心里的割礼，成就圣洁。

使徒保罗明白神的心意，所以告诉人不要行肉身的割礼，乃要行心里的割礼（参考罗马书二章28-29节）。并且为了彻底离弃罪恶，应与罪恶相争，甚至抵挡到流血的地步（参考希伯来书十二章1-4节）。

希望我们用行为成就真正的信心，并知道只喊"主啊，主啊"的人不能都进天国；唯有行在光明中，行了内心割礼的人，才能进入天国，享受永生的福乐。

第九章　从水与圣灵重生

1、尼哥底母与耶稣对话
2、耶稣协助尼哥底母了解属灵的事
3、从水与圣灵重生
4、三个证明：圣灵、水、血

约翰福音三章1-5节

有一个法利赛人,名叫尼哥底母,是犹太人的官。

这人夜里来见耶稣,说:

"拉比,我们知道你是由神那里来作师傅的;

因为你所行的神迹,若没有神同在,无人能行。"

耶稣回答说:

"我实实在在地告诉你:

"人若不重生,就不能见神的国。"

尼哥底母说:

"人已经老了,如何能重生呢?

岂能再进母腹生出来吗?"

耶稣说:

"我实实在在地告诉你:

人若不是从水和圣灵生的,就不能进神的国。"

神差祂的独生爱子耶稣基督来到人世,只要相信祂,就可以得永生。可是,很多人虽说信耶稣基督,却没有得救的确信。有些人虽以为得救,却又缺乏信心;还有人认为已经接受圣灵,以后无论如何行,都能得救。

众说纷纭当中,通过圣经人物尼哥底母来察看,人类如何真正走向得救之路。

1、尼哥底母与耶稣对话

在耶稣时代里,法利赛人非常重视摩西律法,并且遵循着祖先们流传下来的传统。他们相信世界是在神的掌管下,也相信复活、天使、末日审判,以及救主弥赛亚要来等事。

可是耶稣却常斥责说:"你们法利赛人有祸了!"因为他们是假冒为善之人,表面与实际差别很大,如同粉饰的坟墓(参考马太福音二十三章25-36节)。

善良的尼哥底母

尼哥底母也是法利赛人,是犹太人最高议会的成员,身居领导百姓的地位。然而,他非但没有迫害耶稣,并看着耶稣所行的神迹和奇事,就相信耶稣是从神那里来的。他很想知道耶稣是谁,因为他有着一颗善良的心。

约翰福音七章51节,当法利赛人要逮捕耶稣时,尼哥底母对他们说:"不先听本人的口供,不知道他所做的事,难道我们的律法还定他的罪吗?"

当时,身为以色列的官员敢为耶稣辩护,并非易事。因为犹太人视耶稣为异端,严格禁止其它宗教介入,然而,尼哥底母不顾一切,冒着失去官位的风险说话,这份胆识足以证明他确信耶稣基督的身份。

约翰福音十九章39至40节:"又有尼哥底母,就是先前夜里去见耶稣的,带着没药和沉香约有一百斤前来。他们就照犹太人殡葬的规矩,把耶稣的身体用细麻布加上香料裹好了。"

由此可知,耶稣被钉死在十字架后,尼哥底母对耶稣的心仍不改变。他是一位相信复活,相信耶稣而得救的人。

尼哥底母来见耶稣

约翰福音第三章记载:尼哥底母尚未从圣灵角度领受真理前,与耶稣对话的情形。

有一天夜晚,尼哥底母来见耶稣,说:"拉比,我们知道你是由神那里来作师傅的,因为你所行的神迹,若没有神同在,无人能行。"(2节)

当时他并不知道耶稣是弥赛亚,更不知道耶稣就是神的儿子,只凭着善良的心看到耶稣显现的神迹,便相信祂是从神那里来的。因为他知道能让死人复活、瞎眼看见、瘸子行走、治愈麻风病等神迹,除了全知全能的神以外,无人能行。

尼哥底母为何选择夜晚来求见耶稣呢?

因为尼哥底母虽然有颗善良的心,但对耶稣尚无完全的信心,当时他还不明白耶稣是神的儿子,是弥赛亚,所以选择在夜里求见耶稣。

2、耶稣协助尼哥底母了解属灵的事

耶稣对尼哥底母回答说:"我实实在在地告诉你,人若不重生,就不能见神的国。"(约翰福音三章3节)

尼哥底母无法理解耶稣的话。又问:"人已经老了,如何能重生呢?岂能再进母腹生出来吗?"(4节)他缺乏属灵的信心,所以认为人一旦死去便要归回尘土,岂能再生?

耶稣以水和圣灵重生来回答:"我实实在在地告诉你,人若不是从水和圣灵生的,就不能进神的国。从肉身生的,就是肉身;从灵生的,就是灵。"(约翰福音三章5-6节)

当尼哥底母仍疑惑不解时,耶稣又打个比方:"风随着意思吹,你听见风的响声,却不晓得从哪里来,往哪里去;凡从圣灵生的,也是如此。"(约翰福音三章8节)

耶稣解释了,但是尼哥底母依然不明白。他说:"怎能有这事呢?"(约翰福音三章9节)

耶稣回答:"我对你们说地上的事,你们尚且不信;若说天上的事,如何能信呢?除了从天降下仍旧在天的人子,没有人升过天。摩西

从水与圣灵重生

在旷野怎样举蛇,人子也必照样被举起来,叫一切信祂的都得永生。"
(约翰福音三章12-15节)

民数记二十一章4至9节,当以色列百姓离开埃及前往迦南地时,在旷野里遭受种种苦难,于是开始埋怨神,这时神便派了火蛇去咬死了不少人。

当他们呼求时,神让摩西造出铜蛇,挂在杆子上。凡抬头仰望铜蛇而悔改的人就可以得救,但因心地顽梗而不看铜蛇的人,就都死了。

以属灵的观点来理解神的话

神为什么要摩西造出铜蛇,挂在杆子上呢?在创世记三章14节里,我们知道蛇是被诅咒的动物。加拉太书三章13节:"基督既为我们受了咒诅,就赎出我们脱离律法的咒诅,因为经上记着:'凡挂在木头上都是被咒诅的。'"

因此,将铜蛇挂在杆子上,是预表救主耶稣替人赎罪,如同受咒诅的蛇一样,被挂在十字架上。仰头看铜蛇而得救的人,如同仰望耶稣基督的人,都将得到救赎与永生。

虽是如此,尼哥底母因尚未从水与圣灵重生,属灵的眼睛还未打开,只从字面上思想耶稣的话语,而不能从属灵里去领会其含义。

如今多数人也都重蹈覆辙,只从字面上理解,造成误解和偏见,或疑云重重。

为了正确领会属灵的话语,只有恳切火热地祷告。受圣灵感动时,自然就能领悟神的话语,得着真正的信心。

3、从水与圣灵重生

耶稣曾开导夜里来求见的尼哥底母说:"我实实在在地告诉你人若不是从水和圣灵生的,就不能进神的国。从肉身的,就是肉身;从灵生的,就是灵。"(约翰福音三章5-6节)

"从水和圣灵重生"的意思是什么,如何从水和圣灵重生而得救呢?

水代表永生之水

水能解渴,能滋润五脏六腑,维持生命,还能洗净身上的污垢。

约翰福音四章14节,耶稣说:"人若喝我所赐的水,就永远不渴。我所赐的水要在他里头成为泉源,直涌到永生。"

喝水虽然可以暂时解渴,但过了一段时间,还是会再渴。但耶稣说喝了祂所赐的水就永远不渴。显然这里指的水是属灵的水,能使生命不息的永生之水。

耶稣在约翰福音六章54至55节:"吃我肉、喝我血的人就有永生,在末日我要叫他复活。我的肉真是可吃的,我的血真是可喝的。"由此可见,永生之水就是指耶稣的肉与血。

耶稣的血就是生命,生命就是真理;真理即为基督,而基督是神的大能。因为神的大能要靠着信心得到,所以喝人子的血即以信心遵行神的话语。

从属灵的角度来说:水即耶稣的肉,是神的话语,也是神的羔羊耶稣基督。水能洗净身上的污秽,神的话语能除去心中的污秽。

所以,在教会都用水在施洗,受洗表明:成为神的儿女,罪得赦免;同时表明:昼夜思想神的话语,每天用真理来洁净身心。

从水重生

如何用神的话语来洗净心中的污秽呢?

圣经中神的命令可以分为四类:"可行"、"不可行"、"遵守"、"离弃"。

神告诫不要嫉妒、不要憎恨、不要论断、不要偷窃、不可奸淫、不可杀人等等。

同样地各样的"恶事都要禁戒不作"(帖撒罗尼迦前书五章22节),离弃一切的罪。

必须遵守安息日、传福音、祷告、爱人等。如此遵行神的话语,在圣灵的帮助下,心中的非真理就可以被真理所取代,即污秽发臭的不义、不法、罪恶等被神的道洗刷干净。

遵行神的话语,并接受心里的割礼,变成属真理的人,这就是从水重生的属灵意义。

为了真正得救,不只要接受耶稣基督,还要遵行神的话语,并不断地行心里的割礼。

从灵重生

得救：不仅要从水重生，也要从圣灵重生。使徒行传十九章2节，使徒保罗曾对门徒说："你们信的时候受了圣灵没有？"

人类的始祖亚当起初是以灵、魂、体所造（参考帖撒罗尼迦书五章23节），但因为违背了神的话语，灵就死了。从那之后，人类只有魂与体，如同兽一般（参考传道书三章18节）。

若认罪悔改，接受耶稣基督为救主，神就会赐下圣灵，使我们成为祂的儿女（参考使徒行传二章38节）

任何领受圣灵的人，从神的话语中就能够分别善恶，并通过恳切祷告，靠神所赐的恩典与能力，离弃一切属非真理的。

越从圣灵生灵，就越发变成真理之人，属灵的信心也越发增长。因此约翰福音三章6节说："从肉身生的，就是肉身；从灵生的，就是灵"；而约翰福音六章63节又说："叫人活着的乃是灵，肉体是无益的。"

随着圣灵成为属灵之人

从水和圣灵重生，就可得到成为天国子民的权柄（参考腓立比书三章20节）。而且满心欢喜享受神儿女的喜悦，积极参与教会生活，遵守礼拜、赞美神，努力按着神的话语，行在光明之中。

在未领受圣灵时，因为不了解真理而行在黑暗中；但领受圣灵后，便会为行在光明中而不断地努力。

但过一段时间，会发现在享受心中喜乐的同时，心里会产生挣扎。因为肉体的律和圣灵的律在心中交战：顺着肉体的情欲、眼目的情欲并今生的骄傲（参考约翰一书二章16节）而形成的肉体的律，与顺从圣灵而活的心，产生冲突。

使徒保罗说："因为按着我里面的意思，我是喜欢神的律；但我觉得肢体中另有个律和我心中的律交战，把我掳去叫我附从那肢体中犯罪的律。我真是苦啊！谁能救我脱离这取死的身体呢？"（罗马书七章22-24节）

从水和圣灵重生，只是代表以神儿女的身份重生，却还未完全成为属灵的人。

加拉太书五章16至17节："你们当顺着圣灵而行，就不放纵肉体的情欲了。因为情欲和圣灵相争，圣灵和情欲相争，这两个是彼此相敌，使你们不能做所愿意做的。"

"顺从圣灵而行"是指遵行神真理之道，行神所喜悦的事。只要顺从圣灵而行，就能胜过世界和仇敌魔鬼撒但，而不会入撒但的迷惑，放纵情欲，并能遵行真理，为成就神的国和义，为主忠心，舍己献身。

若因肉体的情欲强盛，随从情欲而行，内心就会感到不安与沉重。然而信心成长，不断离弃罪恶，凡事顺从圣灵而行，追求肉体情欲的心就会被除净，心里不再有争战，反得喜乐与平安。不单是可感恩的时候感恩，无论何种环境中都能常常喜乐。

神喜悦顺服圣灵而行的人。诗篇三十七章4节："又要以耶和华为乐，他就将你心里所求的赐给你。"使神喜悦，一切的心愿都会蒙神应允。

当内心充满真理，成就全灵，得神的喜悦，神会应允一切所求之事。盼望我们都能从水和圣灵重生，成为完全属灵的人。

4、三个证明：圣灵、水、血

人必须从水和圣灵重生才能得救。然而，要想真正得救，就必须行在光明中，使罪得赦免。若罪未得赦免，仍旧是罪人。想要罪得赦免，就需要耶稣的宝血。

因此，约翰一书五章5至8节说：

"胜过世界的是谁呢？不是那信耶稣是神儿子的吗？这藉着水和血而来的，就是耶稣基督；不是单用水，乃是用水又用血，并且有圣灵作见证，因为圣灵就是真理。作见证的原来有三：就是圣灵、水与血，这三样也都归于一。"

耶稣以水与血而来

约翰福音一章1节说："道就是神。" 14节又说："道成了肉身，住在我们中间。" 意思是耶稣基督是神的儿子，道成肉身来到世界，为要赦免人的罪。直到今日，祂依然不断以神的话语——圣经，来洁净我们。

然而，单靠人自身的力量是无法离弃罪恶的，必须有圣灵的帮助。唯有以火一般的迫切祈祷，让圣灵充满，才能抛弃肉体的情欲、眼目的情欲并今生的骄傲，除去心中一切的非真理。

希伯来书九章22节："按着律法，凡物差不多都是用血洁净的，若不流血，罪就不得赦免了。"所指的是既无原罪也无自犯罪——耶稣的宝血，唯有主的宝血能赦免人的罪。

为了能得救，必须相信借着水和血而来的耶稣，从祂那里领受圣灵。

如果没有流血，罪就不得赦免，我们依然是个罪人；没有"水"，即生命之道，罪就无法洗净；没有圣灵的帮助，则无法全守神的律法。因此说水、血、圣灵互为一体，缺一不可。

圣灵、水、血连合，使我们得到救赎，进入天国。因此要接待耶稣基督为个人的救主，从而罪得赦免，持续不断地从水和圣灵重生，持定救恩，稳固根基。

第十章 何谓异端？

1、圣经对异端的定义

2、分辨真理之灵与谬妄之灵

彼得后书二章1-3节

从前在百姓中有假先知起来,

将来在你中间也必有假师傅,

私自引进陷害人的异端,

连买他们的主他们也不承认,自取速速地灭亡。

将有许多人随从他们邪淫的行为。

便叫真道因他们的缘故被毁谤。

他们因有贪心,要用捏造的言语在你们身上取利。

他们的刑罚,自古以来并不迟延;

他们的灭亡,也必速速来到。

随着科技文明的发展，人们更加依赖自己的智慧和知识，否定神的存在。又因各种罪恶日益猖獗，陷入更深的罪恶和堕落。迷惑人心和大量混淆视听的咨讯，不断侵蚀，让人做出错误的判断和决定。

马太福音十二章22至37节记载：当耶稣把又瞎又哑的人医好时，法利赛人说："这个人赶鬼，无非是靠着鬼王别西卜啊！"（24节）他们将神的大能诬蔑为魔鬼的作工。

耶稣回答说："人一切的罪和亵渎的话，都可得赦免；惟独亵渎圣灵，总不得赦免。凡说话干犯人子的，还可得赦免；惟独说话干犯圣灵的，今世、来世总不得赦免。"（31-32节）

法利赛人诬蔑耶稣所显现的大能是魔鬼的作工，这是亵渎，是不得赦免的罪行。

当以圣经的话语为基础作判断，真假是非就会显露无遗，不被迷惑。

如何认清神所说的异端，分辨神的灵与邪灵呢？值得警惕的韩国异端教派有哪些？

1、圣经对异端的定义

在牛津辞典里对"异端"的解释为："不属自己所信之道"或是"不正确的道"。只认为自己所信的道是正确的，便将其它教派排除在外，视为异端。譬如：认为佛教为正理的人就会视儒教或其他宗教为异端。

使徒保罗被视为异端的头目

使徒行传二十四章5节，使徒保罗被视为"异端"："我们看这个人，如同瘟疫一般，是鼓动普天下众犹太人生乱的，又是拿撒勒教党里的一个头目。"

当时，使徒保罗所信的福音不同于犹太人的宗教，犹太人把他带到总督那里，视保罗为异端，提出控告。保罗在使徒行传二十四章13至16节作了如下的辩驳：

"他们现在所告我的事并不能对你证实了。但有一件事，我向你承认，就是他们所称的异端的道，我正按着那道侍奉我祖宗的神，又信合乎律法的和先知书上一切所记载的，并且靠着神，盼望死人，无论善恶，都要复活，就是他们自己也有这个盼望。我因此自己勉励，对神对人，常存无亏的良心。"

使徒保罗真的是异端吗？

全善、至圣神的道是判断是非的唯一标准，因此对异端的正确定义，应当基于记录神道的圣经。

"异端"这词在圣经中共出现五处，只有一处对异端作出了定义：

"从前在百姓中有假先知起来,将来在你们中间也必有假师傅,私自引进陷害人的异端,连买他们的主他们也不承认,自取速速地灭亡。"(彼得后书二章1节)

"买他们的主"是指耶稣基督。人类本属神掌管,因亚当的不顺服而使人类被魔鬼掌管,然而神怜悯处于绝境的人,差派独生爱子耶稣基督来到世间,背负十字架,以宝血作为代价,开启人类蒙救赎的道路。

因犯罪而属魔鬼的人类,因信耶稣基督,罪得赦免,获得永生,重新属神。因此说耶稣基督在十字架上用血买了我们,"买他们的主"即指这事。

异端不承认耶稣基督

如上所述:"连买他们的主也不承认,自取速速地灭亡"即为异端。由此可知,耶稣被钉死在十字架上复活以前,未曾有过"异端"。"耶稣"原文的意思是:"将自己的百姓从罪恶里救出来";"基督"是"受膏者"。耶稣被钉死在十字架上复活以后,完成基督的使命,成为救主。

旧约圣经和记载耶稣生平的四福音书——马太、马可、路加、约翰福音里,根本看不到"异端"这词。当时,迫害耶稣的文士、法利赛人、祭司长、大祭司长等人中,并没有对耶稣冠以"异端"的罪名。

只有在耶稣复活，完成救赎人类的使命后，才有连"买他们的主也不承认"的人，也出现了应当警惕这等人的话。

所以，承认耶稣基督是"买他们的主"的人，绝非异端；相反不承认的人才是异端。

使徒保罗并没有否认"买他的主"耶稣。为了感谢耶稣的引导和救赎，他四处宣扬耶稣，受种种磨难。曾被犹太人鞭打五次，被人丢过石头；进过监狱；遭到外邦人和同族人的迫害，以及所爱之人的背叛。然而他仍以欢喜、感恩的心忍受各种磨难，直到为主殉道的日子为止。

使徒保罗毕生传扬福音，彰显神的大能

诗篇六十二篇11节："神说了一次、两次，我都听见，就是能力都属乎神。"正如所言：不认与创造主神为一体的耶稣基督的人，是绝不能彰显权能的。能够彰显神的权能，表明这等人不仅相信神和耶稣基督，并且以爱神为至上，所以，断不能随意定罪。加拉太书一章6至8节，使徒保罗虽然被诬蔑为异端，但却极力告诫不要相信十字架之道以外的任何福音：

> "我希奇你们这么快离开那藉着基督之恩召你们的，去从别的福音。那并不是福音，不过有些人搅扰你们，要把基督的福音更改了。但无论是我们，是天上来的使者，若传福音给你们，与我们所传给你们的不同，他就应当被咒诅。"

现今时代仍有视积极传福音，并用神的权能彰显神迹奇事的人为异端的人。

不可随意论断他人为异端

自一九八二年本教会创建，二十四年间，登记在本教会名册上的圣徒人数已超过九万余名，充分显示了神惊人的大能。在这过程中，本教会也曾经历异端是非。

本人曾身患各种疾病长达七年之久，险些丧命，但因神的大能，病得医治。如同在去大马士革路上遇到耶稣的使徒保罗，我将身心都交托神，不论何时何处只为荣耀神而活。"唯有耶稣！一向耶稣！"

刚信耶稣时，不停见证神以大能医治我的疾病，同时积极宣扬福音。蒙神拣选成为神的仆人并创立教会后，以十字架之道为主要内容，大力宣传神是创造主，耶稣是救主，引人走向得救之路。由于拯救失丧灵魂心切，甚至在主持婚礼的时候也见证创造主神。

我切实意识到为了把福音传到地极，作主的见证，带有权柄的生命之道和活神的大能是必不可少的。于是渴慕像先知们领受神的大能，便献上了无数的祷告，并用感恩的心通过了一切试验与熬炼。

受熬炼的过程中有时虽遇见垂死的试炼，但就像无辜的耶稣虽然受死，却从死里复活彰显神的荣耀一样，每当我胜过试炼的时候，神就将更大的权能加添与我，叫万事都互相效力，使祂自己的名大得荣耀。

自二〇〇〇年开始，神大开宣教之门，在非洲的乌干达、巴基斯坦、崇拜偶像的日本、肯尼亚、菲律宾、洪都拉斯、印度、俄罗斯、德国、秘鲁等国，向人证实、宣扬惟有神才是真实可信的，和耶稣为什么是唯一的救主。在这过程中，不仅有不计其数的人悔改，改信基督教，并通过瞎子看见、哑吧说话、聋子听见、癌症与艾滋病等绝症得医治的惊人神迹，彰显神的荣耀。

使徒行传五章34节记载的法利赛人迦玛列，是受众百姓所敬重的教法师。当时，公会禁止圣灵充满的彼得和使徒彰显神的大能、见证耶稣，但使徒不听从威胁，于是公会的人便想把他们抓起来处决。这时，迦玛列在会议中站起来，吩咐人暂且把使徒带到外面去，他对众人说：

"以色列人哪，论到这些人，你们应当小心怎样办理。……现在，我劝你们不要管这些人，任凭他们吧！他们所谋的、所行的，若是出于人，必要败坏；若是出于神，你们就不能败坏他们，恐怕你们倒是攻击神了。"（使徒行传五章35-39节）

表达倘若不是出于神的作工，不需去败坏它，也会自行败坏；若是出于神的作工，却加以反对、毁谤，不但不能击倒对方，反而是与神敌对，而要遭审判和惩罚。

有些人尽管相信耶稣道成肉身，降世为人的事实，并相信三位一体的神，却因看到异象、能说方言，就视作异端。甚至有人只要对方在释经方面持有与自己不同的见解，就定他为异端。有的人还狡辩在圣经里并无耶稣说方言和看到异象的记载，认为圣灵的作工是子虚乌有。

但圣经却写着：

"圣灵显在各人身上，是叫人得益处。这人蒙圣灵赐他智慧的言语，那人也蒙这位圣灵赐他知识的言语，又有一人蒙这位圣灵赐他信心，还有一人蒙这位圣灵赐他医病的恩赐，又叫一人能行异能，又叫一人能作先知，又叫一人能辨别诸灵，又叫一人能说方言，又叫一人能翻方言。这一切都是这位圣灵所运行，随己意分给各人的。"（哥林多前书十二章7-11节）

所以，千万别因自己没有经历圣灵的作工，就对领受圣灵恩赐的人进行诬蔑、定罪，或视之为异端。

2、真理之灵与谬妄之灵

彼得后书二章2至3节对于异端作了具体的解释："将有许多人随从他们邪淫的行为，便叫真道因他们的缘故被毁谤。他们因有贪心，要用捏造的言语在你们身上取利。他们的刑罚，自古以来并不迟延，他们的灭亡也不必速速来到。"

在约翰一书四章1至3节，也作了相同的释义："亲爱的弟兄啊，一切的灵，你们不可都信，总要试验那些灵是出于神的不是，因为世上有许多假先知已经出来了。"接着提醒："凡灵认耶稣基督是成了肉身来的，就是出于神的，从此你们可以认出神的灵来；凡灵不认耶稣，就不是出于神，这是那敌基督者的灵。"

试验所有的灵是否皆出于神

灵界中既有引人走向得救之路的属神、属善的灵，又有以假乱真，将人引向灭亡的邪灵。

领受神的灵，即圣灵的人，就是承认道成肉身的耶稣基督的人，他们因信圣父、圣子、圣灵三位一体真神，就有了永生神儿女的印记，能在生活中能得到圣灵的帮助，明白真理并行在真理中。

反之，领受敌基督之灵的人是指曲解神的话，敌对基督的人，他们否认耶稣基督所开启的救赎之路。尤其是口称信神的人中，有利用神的话语来迷惑人的人。我们应小心辨别，无论如何，只要是不接受神所差派的耶稣基督，就是与神敌对的。

约翰二书7至8节说：

"因为世上有许多迷惑人的出来，他们不认耶稣基督是成了肉身来的，这就是那迷惑人、敌基督的。你们要小心，不要失去你们所作的工，乃要得着满足的赏赐。"

约翰一书二章19节又说：

"他们从我们中间出去，却不是属我们的；若是属我们的，就必仍旧与我们同在；他们出去，显明都不是属我们的。"

领受敌基督之灵的人有两种：一种是被敌基督的灵所捆绑的人；另一种是被敌基督的灵透过意念所迷惑的人。他们想诱骗内心住着圣灵的人，渗透违背神的思想，叫人不知不觉中受迷惑，走向与神的道相反的道路；内心完全被敌基督的灵所捆绑的人就称作"被鬼附的"。

神的仆人若接受了敌基督的灵，羊群就会受迷惑，以致走向背离真理的死亡之路。如今这般敌基督的人非常之多。

曲解神的道，敌对耶稣基督，并否认天国的人们；否认主用爱成全的新约的律法主义者；自称耶稣基督，潜入基督教，歪曲十字架之道，否认神三位一体的本质，并圣灵工作的人们，除此之外还有很多敌基督的人和假先知在世界各地活动。

因此，应当清楚辨别真理之灵和谬妄之灵，以防敌基督者的欺骗，坚决跟随真理之灵，行在光明之中。

如何分辨真理的灵与谬妄的灵？

约翰一书四章5至6节："他们是属世界的，所以论世界的事，世人也听从他们。我们是属神的，认识神的就听从我们；不属神的，就不听从我们。从此我们可以认出真理的灵和谬妄的灵来。"

所谓"谬妄"词义是:"荒谬愚妄"。谬妄的灵属于世俗,使人心里迷惑,无法分辨是非,进而背离信仰。属神的人听从真理之言,属世的人听从世俗之言。只要明白真理,就能分辨光明与黑暗,很容易判断何为行真理,何为活在黑暗之中。

如果有人说:"只献主日大礼拜,我们下午去玩吧。"那么他就是受到谬妄之灵的作工;口头宣称信神,却以恶毒的诡计破坏神国的人也是如此。

我们领受从神而来真理的灵,就能知道神开恩赐给我们的事(参考哥林多前书二章12节)。真理的圣灵住在我们这般信主的人心中,引导我们明白一切的真理,祂不凭自己说,乃是把从神所听见的都说出来。并把将来的事告诉我们。

约翰福音十四章17节:"就是真理的圣灵,乃世人不能接受的。因为不见他,也不认识他;你们却认识他,因他常与你们同在,也要在你们里面。"十五章26节又说:"但我要从父那里差保惠师来,就是从父出来真理的圣灵,他来了,就要为我作见证。"

哥林多前书二章10节:"只有神藉着圣灵向我们显明了,因为圣灵参透万事,就是神深奥的事也参透了。"由此可知,唯有圣灵完全参透神的心。

接受真理之灵的人,不仅听从真理,并为神的国和义的扩张而欢喜快乐,单单以天国为目的,向着标杆直跑。

然而,一些只是进出教会、没有喜乐的人,因未能拥有"心里相信"的真信心，仍属世界，爱世俗的事物胜过爱神。因摆脱不了谬妄之灵的迷惑，终会背离神。另外，还有中伤、诬陷，或背后议论主内弟兄的人，以及看到别的教会复兴，或神的国度得以扩张，就嫉妒并毁谤的人都不属于真理之灵。

不要受人迷惑

约翰一书三章7节前半节："小子们哪，不要被人诱惑。"就是说：除了真理之道，别无拯救，所以务要谨慎，在至圣的真道上不偏左右，免得出于人的谬妄的知识，迷惑你们。

仇敌魔鬼为了使神的儿女背离真理，走入世俗，进而怀疑、远离神、与神敌对，不断地"如同吼叫的狮子，遍地游行，寻找可吞吃的人。"（参考彼得前书五章8节）为此我们应当警醒。

神的儿女为什么会受魔鬼的诱惑呢？倘若一个女人言行端正贤淑，男人就不会去挑逗她；相反地，若言行、举止轻佻，男人会看出她的破口而大胆接近。同样地，魔鬼撒但也会靠近心怀二意，信心不坚固而疑惑的人，引诱他离开神，走向死亡。夏娃受蛇诱骗，也是因没有牢记神的话语，让魔鬼有机可趁，看穿她的破口。

当然，有时虽然没有被魔鬼抓住弱点，也会遇见试验。诸如：先知但以理被扔进狮子坑、亚伯拉罕将独生子以撒献为燔祭，这并非有破口让撒但攻击，而是神为祝福而熬炼他们。

当没有在真理中站稳，面对困苦和试探时，就应该立刻悔改归正，用神的话抵挡诱惑和试探，坚定地站在真理的磐石上。

坚守真理，不受到蒙蔽

提摩太前书四章1至2节："圣灵明说：在后来的时候，必有人离弃真道，听从那引诱人的邪灵和鬼魔的道理。这是因为说谎之人的假冒，这等人的良心如同被热铁烙惯了一般。"这里指出末世时，有人宣称信仰真道，却因听从那引诱人的邪灵和鬼魔的道理而远离真理。

象这般受迷惑的人，无论言行如何虔诚，祷告多么热切，终究只是表象。对物质的渴望胜过爱神。这等人的良心如同被热铁烙惯，终必背弃真理，沉迷于世俗的宴乐，走向灭亡之路。

慈爱的神为了不叫我们陷入这种迷惑，就把严厉的警戒之言记录在圣经中。圣经马太福音七章15至16节，耶稣说："你们要防备假先知，他们到你们这里来，外面披着羊皮，里面却是残暴的狼。凭着他们的果子，就可以认出他们来。荆棘上岂能摘葡萄呢？蒺藜里岂能摘无花果呢？"正如所言，人的心思意念，必然结出与其相称的言语或行为的果子。

看一个人的行为，若不结真理、良善、仁义的果子，只结仇恨、猜忌、嫉妒等属恶的果子、不法的果子时，应当辨认出他是一个假先知。

许多假先知、敌基督已经出现在这世上。因此，神的儿女应当站在真理的磐石上，确实了解圣经对异端所下的定义，分辨何为真理的灵与谬妄的灵。

魔鬼撒但从不放弃任何欺骗神儿女的机会，只要发现神的儿女在真理上不坚固，就立刻透过偏离真理的教导进行迷惑，使其犯罪跌倒。

只要我们顺着真理之灵，在真理中行，谬妄的灵就无法靠近我们，就算进行迷惑，也不至摇晃，反倒去制服它们。

因此，无论何时都要警醒！行在真理中，明辨真假之灵，不受迷惑，不定罪他人。此外，还应坚立在信心的磐石上。相信圣父、圣子、圣灵三位一体真神，并谨守遵行圣经六十六卷书中神的旨意。

主耶稣啊！我愿您快来！

十字架之道
The Message of the Cross

在未获得乌陵出版社书面许可的情况下，不得对本书的内容进行制本、复印、电子传送等。

本书所引圣经经文取自《新标点和合本》

作　　者：李载禄
编　　辑：宾锦善
设　　计：乌陵出版社设计组
发　　行：萬民出版社
出版日期：2002年2月初版（韩国，乌陵出版社，韩国语）
　　　　　2006年2月初版（台湾，天恩出版社）
　　　　　2010年12月二版（马来西亚，萬民出版社）

Copyright © 2010 李载禄博士
ISBN 978-89-7557-3446
Translation Copyright © 2006 郑求英博士 使用在允许之下由

问讯处：萬民出版社（发行人：郑秀婵）
NO.53 A, JLN Kebudayaan 1A, Taman Universiti, Skudai 81300 Johor Bahru, Malaysia.
E-mail: mmp9050@hotmail.com / urimbook@hotmail.com
www.manminpublisher.com

www.ingramcontent.com/pod-product-compliance
Lightning Source LLC
LaVergne TN
LVHW061544070526
838199LV00077B/6891